어린이 첫 생물 탐구 도감

정브르의 동물 퀴즈 도감

123종 동물 수록

서울문화사

이 책의 구성

동물 퀴즈

1 호기심 동물 퀴즈

2 브르의 힌트

3 생생한 사진과 동물 정보

1. 초성, 선다형, OX, 그림자 퀴즈를 풀어요.
2. 브르가 알려주는 힌트를 보고 정답을 맞혀요.
3. 동물의 사진을 보면서 정보를 확인해요.

평브르의

동물 퀴즈 도감

동물 관찰

동물 관찰

관찰 동물

달팽이

우리나라 토종 달팽이 친구들!

내장산띠달팽이

안녕~

아재비달팽이

충무띠달팽이

작은더듬이 온도, 습도, 바람을 느끼고 냄새를 맡아요.

큰더듬이(눈가지) 머리 위로 한 쌍이 있어요. 끝에 보이는 검은 점이 눈이에요.

껍데기(패각) 뱅글뱅글 나선형 줄무늬가 있어요.

배발 끈끈한 점액을 분비해 배발로 기어 다녀요.

숨구멍 껍데기 입구 쪽에 있어요. 숨을 쉴 때 구멍이 열려요.

15

4 영상 속 동물

5 동물 몸의 구조

동물 X파일

동물 X파일

동물의 몸에도 지문이 있다?

강아지

강아지도 소처럼 코에 있는 오돌토돌한 주름과 무늬로 개체를 *식별할 수 있어요. 같은 날 태어난 강아지끼리도 코의 무늬가 다르며, 평생 바뀌지 않지요. 강아지 몸에 심는 내장형 칩 대신, 비문 등록으로 잃어버린 강아지를 찾을 수 있어요.

치타

치타의 몸에 있는 점 무늬는 사람의 지문처럼 태어날 때부터 결정되고, 시간이 지나도 변하지 않아요. 점의 위치, 크기, 간격 등이 개체마다 다르기 때문에 무늬를 분석해 치타를 식별할 수 있지요. 얼룩말, 기린 등의 무늬도 개체를 구분하는 지문 역할을 해요.

*식별: 분별하여 알아봄.

20

6 상식 쏙쏙 동물 이야기

재미있는 브르의 일기도 있어요!

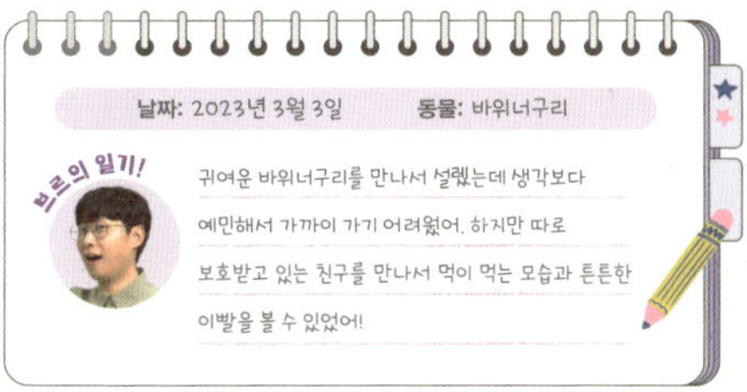

4. 브르의 영상을 보면서 동물을 관찰해요.

5. 관찰 동물의 몸의 구조 및 특징을 파악해요.

6. 다양한 동물 이야기를 읽으며, 동물 상식을 쌓아요.

차례

브르의 인사말

브린이들, 안녕?

〈정브르의 동물 퀴즈 도감〉은 땅에 사는 동물, 물을 오가는 동물,

하늘을 나는 동물을 주제로 신기하고 재미있는

동물의 특징을 **퀴즈**로 풀어보는 책이에요.

동물을 사진과 영상으로 생생하게 관찰할 수 있는 **동물 관찰**과

동물에 대한 상식을 쌓을 수 있는 **동물 X파일**까지!

다양한 동물들의 흥미진진한 이야기를 만나볼 수 있어요.

그럼, 지금부터 저와 함께 동물의 세계로 떠나 볼까요?

1장

땅에 사는 동물

땅에는 어떤 동물이 살까?

땅 위에는 코끼리, 염소, 노루처럼 다리가 있어서
걷거나 뛰는 동물과 달팽이, 뱀처럼 다리 없이
기어다니는 동물이 함께 살고 있어요.

땅속에는 두더지, 개미 등의 동물들이 집을 짓고 살아요.
땅속 동물은 빛을 싫어하거나,
눈이 퇴화되어 잘 보이지 않는 경우가 많아요.

동물 퀴즈

01

엄마의 똥을 먹고 자라는 아기 동물은?

초성을 보고
동물 이름을 맞혀 보세요.

ㅋ ㅇ ㄹ

브로의 힌트

- 하루에 20시간 이상 잠을 자요.
- 나무 위에서 생활하며, 거의 움직이지 않아요.
- 유칼리나무 잎, 아카시아 잎을 먹어요.

코알라

코알라 Koala

학 명	Phascolarctos cinereus	먹 이	유칼리나무 잎, 아카시아 잎	몸길이	약 60~80cm
서식지	유칼리나무 숲	분 포	오스트레일리아	특 징	육아 주머니가 있음(암컷)

코알라는 생후 6개월이 지나면 유칼리나무 잎을 먹어요. 유칼리나무 잎은 질기고 독성이 있지요. 그래서 소화 능력이 부족한 아기 코알라는 엄마의 '펩(Pap)'이라는 변을 먹으면서 유칼리나무 잎의 에너지를 흡수해요.

동물 관찰

관찰 동물

코알라

귀

양털처럼
부드럽고 길어요.

육아 주머니

암컷이 아기 코알라를
넣어서 보호해요.

꼬리

퇴화되어 겉으로
보이지 않아요.

지문

사람과 비슷한
격자 무늬의 지문이 있어요.

발톱

날카로운 고리 모양이며,
엄지 발가락에는 발톱이 없어요.

코알라의 지문은 코알라가 진화하는 과정에서 생겼대요. 코알라가 나무를 잡는 능력이 발전하면서 손가락 끝에 정교한 패턴이 생긴 거지요. 사람의 지문과 굉장히 비슷해요.

동물 X파일

똥을 먹는 동물이 또 있다?

토끼

토끼는 자기 똥을 먹어요. 토끼는 소장과 대장의 길이가 짧아서 먹이를 소화시키는 데 어려움이 있어요. 그래서 소화시킬 수 있을 만큼만 흡수하고 나머지는 똥으로 배설해요. 토끼의 똥에는 단백질, 질소, 비타민 등이 포함되어 있어요.

토끼 똥

쇠똥구리는 초식동물의 똥을 먹어요. 똥을 동글동글 굴려서 *경단처럼 만든 후 땅속에 있는 집으로 가져가 먹지요. 똥 하나에 알을 하나씩 낳는데, 알을 깨고 나온 유충(애벌레)이 똥에 있는 영양분을 흡수해 성충(어른벌레)으로 자란답니다.

쇠똥구리

***경단:** 찹쌀가루를 반죽하여 동글동글하게 빚어 삶아 낸 떡.

동물 퀴즈

02

달팽이의 이빨은 약 2만 개다?

맞으면 ○, 틀리면 ✕에
동그라미 하세요.

○ ✕

브르의 힌트

- 달팽이의 이빨은 아주 작고 뾰족한 모양이에요.
- 달팽이는 먹이를 갉아 먹어요.
- 과일, 채소, 칼슘이 풍부한 먹이를 먹어요.

O

달팽이의 이빨은
약 2만 개예요.

달팽이 Land snail

학 명	Acusta despecta sieboldiana	먹 이	과일, 채소 잎사귀 등	몸길이	약 2~4cm
서식지	숲, 산림 등	분 포	한국, 일본, 중국 등	특 징	*자웅동체

***자웅동체:** 암컷과 수컷의 특징을 동시에 가지고 있는 것.

달팽이는 작고 뾰족한 이빨이 줄지어 박혀 있는 치설이 있어요. 종마다 다르지만, 치설의 수는 약 2만 개예요. 이빨의 역할을 하는 치설로 먹이를 갉아 먹으며, 치설은 닳으면 다시 자라요.

동물 관찰

관찰 동물

달팽이

우리나라 토종 달팽이 친구들!

▼내장산띠달팽이

▲아재비달팽이

▲충무띠달팽이

작은 더듬이 온도, 습도, 바람을 느끼고 냄새를 맡아요.

큰 더듬이(눈자루) 머리 위로 한 쌍이 있어요. 끝에 보이는 검은 점이 눈이에요.

껍데기(패각) 뱅글뱅글 나선형 줄무늬가 있어요.

배발 끈끈한 점액을 분비해 배발로 기어 다녀요.

숨구멍 껍데기 입구 쪽에 있어요. 숨을 쉴 때 구멍이 열려요.

이빨 부자인 동물이 또 있다?

보아뱀

보아뱀의 이빨은 약 100개로 굉장히 날카로워요. 이빨이 모두 안쪽으로 휘어져 있어 먹이를 한 번 물면 절대 놓지 않지요. 먹잇감을 포획하는 데 이빨을 사용하며, 먹잇감이 잡히면 단단한 몸으로 휘감은 뒤 통째로 삼켜요.

고래상어는 약 3,000개의 이빨이 있어요. 매우 작은 이빨이 300줄로 나열되어 있는데, *여과섭식을 하기 때문에 이빨로 사냥을 하거나 먹이를 먹지 않아요. 상어 이빨은 뿌리가 없고 잇몸에 붙어 있지 않아요. 이빨이 빠지면 새로 자란답니다.

고래상어

***여과섭식:** 고래처럼 입을 벌리고 물을 빨아들이면서 작은 먹이를 걸러 먹는 것.

동물 퀴즈

03

소의(   )는 사람의 지문 역할을 한다.

(   ) 안에 들어갈 말은 무엇일까요?

① 귀

② 혀

③ 코

브로의 힌트

- 소마다 무늬가 달라요.
- 일생 동안 변하지 않아요.
- 강아지도 이것으로 구분할 수 있어요.

③ 코

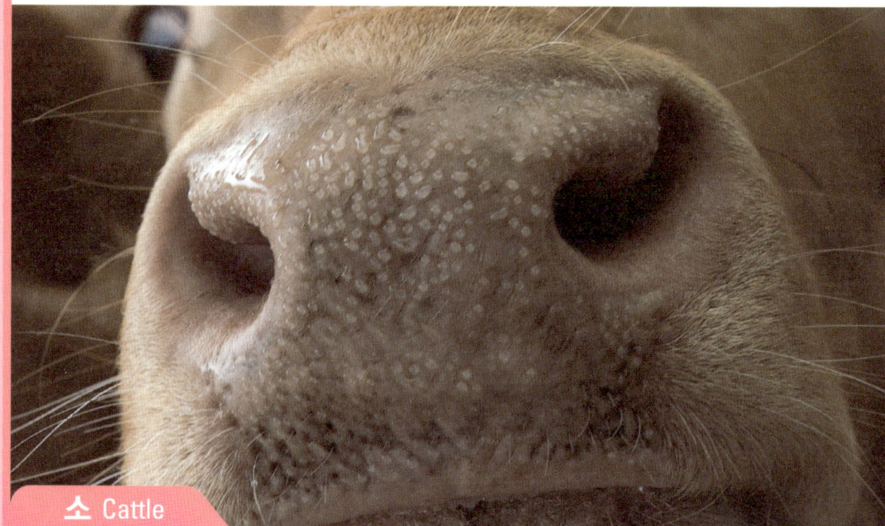

소 Cattle

학 명	Bos taurus	먹 이	건초, 나뭇잎, 풀 등	몸길이	약 2.5~3m
서식지	초원, 목초지	분 포	한국, 미국, 유럽 등	특 징	위가 4개임

소에게는 사람의 지문 역할을 하는 비문이 있어요. 비문은 코 근처에 있는 울퉁불퉁한 무늬를 말해요. 소마다 무늬가 달라서 *개체를 구별하고 관리하는 데 도움이 돼요.

***개체:** 하나의 독립된 생물체.

동물 관찰

관찰 동물

소

뿔 암수 모두 뿔이 2개 있어요.

눈 앞, 뒤, 옆을 모두 볼 수 있어요.

입 혀로 풀을 휘감아 아래턱의 앞니와 위턱의 잇몸으로 뜯어 먹어요.

꼬리 가늘고 길며, 끝 부분에 털이 있어요.

발굽 2개만 땅에 닿고, 나머지 2개는 흔적만 남겨요.

위 풀을 소화시키기 어려워 위가 4개예요. 먹이를 여러 번 씹고 흡수해요.

소는 풀을 뜯어 먹은 후 오랜 시간 동안 되새김질하는 반추동물이에요. 반추는 삼킨 먹이를 다시 입으로 되돌려 씹는 것을 말해요.

동물 X파일

동물의 몸에도 지문이 있다?

강아지

강아지도 소처럼 코에 있는 오돌토돌한 주름과 무늬로 개체를 *식별할 수 있어요. 같은 날 태어난 강아지끼리도 코의 무늬가 다르며, 평생 바뀌지 않지요. 강아지 몸에 심는 내장형 칩 대신, 비문 등록으로 잃어버린 강아지를 찾을 수 있어요.

치타의 몸에 있는 점 무늬는 사람의 지문처럼 태어날 때부터 결정되고, 시간이 지나도 변하지 않아요. 점의 위치, 크기, 간격 등이 개체마다 다르기 때문에 무늬를 분석해 치타를 식별할 수 있지요. 얼룩말, 기린 등의 무늬도 개체를 구분하는 지문 역할을 해요.

치타

***식별:** 분별하여 알아봄.

동물 퀴즈

04

나는 누구일까요?

그림자를 보고
정답을 맞혀 보세요.

브로의 힌트

- 육상 동물 중에서 몸이 가장 크고 무거워요.
- 큰 귀로 바람을 일으켜서 체온을 낮춰요.
- 기다란 코로 물건을 집거나 물을 빨아들여요.

코끼리

코끼리 Elephant

학 명	Elephantidae	먹 이	나뭇가지, 풀, 과일 등	몸길이	약 2.7~4m
서식지	사바나, 열대우림 등	분 포	사하라 이남의 아프리카, 아시아 등	특 징	긴 코, 상아가 있음

코끼리는 더울 때 귀를 펄럭이면서 체온을 낮춰요. 코끼리의 코는 약 10만 개가 넘는 근육으로 되어 있고, 뼈가 없어요. 냄새에 민감하며, 코끝으로 물체를 만지고 움켜쥘 수 있지요.

동물 관찰

관찰 동물

코끼리

◀딱딱한 꼬리

▲코끼리 발 청소

◀사자들이 좋아하는 코끼리 똥

날짜: 2021년 8월 8일　　**동물:** 코끼리

브르의 일기!

코끼리의 딱딱한 꼬리도 만져 보고, 엄청 큰 발도 닦아 줬는데 발바닥이 생각보다 부드러웠어! 코끼리 똥을 좋아하는 사자들의 모습이 아직도 생생해!

동물 X파일

사자는 코끼리 똥을 좋아한다?

사자

사자는 사냥할 때 자신의 *체취를 감추기 위해서 몸에 코끼리 똥을 발라요. 대부분 *섬유질로 이루어진 코끼리 똥에는 사자들이 좋아하는 호르몬 물질이 들어 있어 사자의 기분을 행복하게 만들어 줘요.

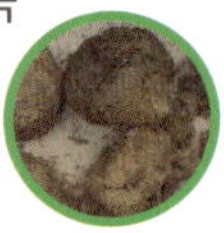

코끼리 똥

코끼리 똥은 사람에게도 유용해요. 인도코끼리가 서식하는 스리랑카에서는 야생 코끼리의 똥에 남아 있는 섬유질을 끓여서 종이를 만들어요. 또한 아프리카 일부 주민들은 코끼리 똥을 땔감이나 집의 재료로도 사용해요.

코끼리 똥

코끼리 똥으로 만든 종이 공

*체취: 몸에서 나는 냄새.

*섬유질: 풀, 나뭇잎 등의 식물에 들어 있는 실처럼 가느다란 성분.

동물 퀴즈

05

이빨 없이 혀로 먹이를 먹는 동물은?

초성을 보고
동물 이름을 맞혀 보세요.

ㄱ ㅁ ㅎ ㄱ

브르의 힌트

- 주둥이가 아주 길어요.
- 긴 혀로 개미를 핥아 먹어요.
- 위에서 음식을 잘게 부수어 소화시켜요.

개미핥기

개미핥기 Ant eater

학 명	Vermilingua	먹 이	개미, 곤충의 알, 꿀 등	몸길이	약 30~180cm
서식지	사바나, 초원 등	분 포	멕시코, 파라과이, 아르헨티나	특 징	긴 혀, 날카로운 발톱

개미핥기는 입이 작고 주둥이가 길쭉해요. 이빨이 없지만 길고 끈적끈적한 혀에 개미를 붙여서 잡아먹지요. 위가 튼튼해서 먹이를 씹지 않고도 위에서 먹이를 분해할 수 있어요.

동물 관찰

관찰 동물

개미핥기

혀

끈적끈적한 침으로 뒤덮인 긴 혀로
나무 둥지에서 개미를 잡아먹어요.

꼬리

꼬리로 물체를
휘감거나 잡아요.

발톱

길고 날카로운 발톱 때문에
걷기가 어려워 발목으로 걸어요.

개미핥기는 냄새를 아주 잘 맡아요. 그래서 먹잇감이 꼭꼭 숨어 있어도 잘 찾지요. 냄새로 개미집을 찾은 후, 길고 날카로운 발톱으로 개미집을 파헤쳐요.

동물 X파일

이빨 없는 동물이 또 있다?

나무늘보

나무늘보는 *빈치목에 속하는 동물로, 앞니와 송곳니가 없어요. 대신 어금니 형태의 이빨이 약 18개 있지요. 나무늘보는 주로 풀과 나뭇잎을 먹는데, 먹이를 뜯어 먹기 좋게 이빨이 다른 동물보다 작고 평평하게 생겼어요.

천산갑

천산갑은 이빨이 없는 대신 혀가 굉장히 길어요. 혀를 무려 40cm까지 뻗을 수 있지요. 앞발에는 길고 날카로운 발톱이 있는데, 개미집을 파헤친 후 개미를 핥아 먹어요. 긴 발톱 때문에 걸어 다니기 불편해서 앞발을 안쪽으로 둥글게 말고 걸어요.

***빈치목:** 개미핥기처럼 이빨이 없거나 불완전한 이빨을 가진 동물.

동물 퀴즈

06

바위너구리는 바위에 산다?

맞으면 ○, 틀리면 ✕에 동그라미 하세요.

○ ✕

브로의 힌트

- 바위너구리는 겁이 많고 경계심이 강해요.
- 발굽을 가진 초식 동물이에요.
- 약 5~50마리가 무리를 지어 생활해요.

O

바위너구리는
바위에 살아요.

바위너구리 Rock hyrax

학 명	Procavia capensis	먹 이	나뭇잎, 나무껍질, 꽃 등	몸길이	약 40~50cm
서식지	바위가 많은 곳	분 포	동부 아프리카, 아라비아반도 등	특 징	푹신한 발바닥

아하!

바위너구리는 겁이 많고 경계심이 강해요. 그래서 바위가 많은 곳에 살면서 천적인 독수리, 표범 등을 피해 바위 틈에 숨지요. 코끼리처럼 발바닥이 푹신해서 미끄러운 바위도 잘 올라가요.

동물 관찰

관찰 동물

바위너구리

◀ 날카로운 이빨

◀ 어렵게 찍은 셀카

◀ 숨어 있는 친구들

날짜: 2023년 3월 3일 **동물:** 바위너구리

브르의 일기!

귀여운 바위너구리를 만나서 설렜는데 생각보다 예민해서 가까이 가기 어려웠어. 하지만 따로 보호받고 있는 친구를 만나서 먹이 먹는 모습과 튼튼한 이빨을 볼 수 있었어!

동물 X파일

사는 곳에 따라 이름 지어진 동물은?

사막여우

사막여우는 북부 아프리카에 서식하는 여우의 한 종이에요. *항온동물로, 일정한 체온을 유지하기 위해서 큰 귀로 열을 내보내고 몸의 온도를 조절해요.

북극곰

북극곰의 털은 흰색처럼 보이지만, 실제로는 투명해요. 빛의 반사 때문에 하얗게 보이는 거지요. 촘촘한 털은 보온 기능이 있어 영하 40°C의 추위도 견딜 수 있어요.

***항온동물:** 주변 온도에 관계없이 항상 일정한 체온을 유지하는 동물.

동물 퀴즈

07

카멜레온은(　　　)이 360˚로 돌아간다.

(　) 안에 들어갈 말은 무엇일까요?

① 눈

② 목

③ 발목

브르의 힌트

- 원뿔 모양이고, 튀어나와 있어요.
- 양쪽을 따로따로 움직일 수 있어요.
- 주변을 살피는 데 사용해요.

① 눈

카멜레온 Chameleon

학 명	Chamaeleonidae	먹 이	곤충, 식물 등	몸길이	최대 70cm
서식지	숲, 산지의 나무 위	분 포	아시아, 아프리카, 마다가스카르	특 징	360° 돌아가는 눈

카멜레온은 눈을 360°로 자유롭게 돌릴 수 있어요. 또한 양쪽 눈을 각각 따로 돌릴 수 있어서, 어느 방향이든 모두 볼 수 있지요. 덕분에 먹이를 먹을 때도 포식자의 습격을 피할 수 있어요.

동물 관찰

관찰 동물

카멜레온

각양각색의 카멜레온 친구들

▼팬서카멜레온

▲나마쿠아 카멜레온

▲피그미카멜레온

▲크리스타투스카멜레온

눈 360°로 자유롭게 돌아가요.

몸 상황에 따라 몸 색깔이 변해요.

꼬리 꼬리로 몸의 균형을 유지해요.

혀 길고 끈적끈적해요.

발 나뭇가지를 잡기 편하도록 발가락이 양갈래로 나누어져 있어요.

동물 X파일

몸 색깔을 바꾸는 동물이 있다?

문어는 주변에 맞게 몸 색깔을 바꿀 수 있어요. 문어의 피부에는 근육과 연결된 특수한 색소 주머니가 있어요. 그래서 근육이 움직일 때마다 주머니가 늘어나거나 줄어드는데, 이렇게 몸 색깔을 바꾸며 *위장을 해요.

호그피쉬도 주변 환경에 맞게 몸 색깔을 바꿀 수 있어요. 호그피쉬의 피부에는 색소를 가진 '색소포'라는 기관이 있어요. 색소포끼리 서로 가까워지면 피부색이 밝아지고, 멀어지면 피부색이 어두워져요.

*위장: 모습이나 형태를 감추기 위해 몸의 색깔이나 모습을 바꾸는 행위.

동물 퀴즈

08

나는 누구일까요?

그림자를 보고
정답을 맞혀 보세요.

브르의 힌트

- 커다란 혹에 지방을 저장해요.
- 한 번에 물을 100L 이상 마셔요.
- 사람들이 짐을 옮기는 것을 도와줘요.

낙 타

낙타 Camel

학 명	Camelus	먹 이	나뭇잎, 열매 등	몸길이	약 3m
서식지	사막, 초원	분 포	아프리카, 아라비아 등	특 징	등에 있는 혹

낙타는 한 번에 많은 양의 물을 마신 다음, 몸 안에 물을 저장해요. 또한, 소변도 모아서 한 번에 보고, 체온이 아주 높은 경우에만 땀을 흘리지요. 그래서 최대 20일까지도 물을 마시지 않고 버틸 수 있어요.

동물 관찰

관찰 동물

낙타

낙타는 혹이 1개 있는 단봉낙타와 혹이 2개 있는 쌍봉낙타가 있어요. 혹에 지방을 저장해 놓고 먹이가 없을 때 영양분을 얻는데, 영양분을 사용할수록 혹이 점점 작아져요.

동물 X파일

몸에 에너지를 저장하는 동물은?

사막거북

사막거북은 육지거북에 속하며, 사막에 살아요. 몸 안에 물을 저장할 수 있어 건조한 환경에서도 수분을 공급할 수 있지요. 또한, 땅을 파는 재주가 뛰어나 굴을 만들어 햇빛을 피해요.

햄스터

햄스터는 포식자를 피해 볼주머니에 먹이를 가득 넣어 은신처로 옮기는 *습성이 있어요. 자기 체중의 약 20%까지 먹이를 저장하며, 필요할 때 꺼내 먹지요. 또한, 위험을 느끼면 볼주머니에 새끼를 넣고 이동하기도 해요.

***습성:** 같은 동물의 종에서 공통적으로 나타나는 생활 방식이나 행동 양식.

동물 퀴즈

09

얼굴에 거대한 뿔이 있는 동물은?

초성을 보고
동물 이름을 맞혀 보세요.

ㅋ ㅃ ㅅ

브르의 힌트

- 뿔은 잘라도 다시 자라나요.
- 뿔은 뼈가 아닌, 단백질로 되어 있어요.
- 육상동물 중 코끼리 다음으로 몸집이 커요.

코 뿔 소

코뿔소 Rhinoceros

학 명	Rhinocerotidae	먹 이	풀, 식물 등	몸길이	약 3~5m
서식지	초원, 삼림 등	분 포	아프리카, 아시아	특 징	1~2개의 뿔, 딱딱한 발굽

코뿔소의 뿔은 뼈가 아닌, 머리카락, 손톱, 발톱과 같은 '케라틴'이라는 단백질로 이루어져 있어요. 뿔은 잘라도 다시 자라는데, 코뿔소가 스스로 나무나 바위에 뿔을 갈아서 적당한 길이를 유지하기도 해요.

동물 관찰

관찰 동물

코뿔소

뿔 평생 자라요.

피부 두껍고 딱딱해요.

눈 시력이 좋지 않은 대신,
청각과 후각이 발달했어요.

발 딱딱한 발굽이
3개씩 있어요.

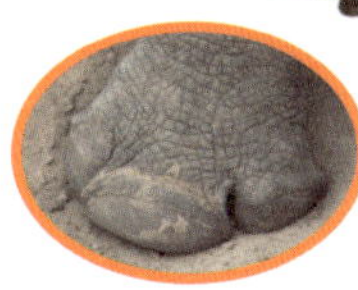

코뿔소는 생김새와 이름 때문에 종종 소로 오해받아요. 하지만 소와 같은 우제류가 아닌, 말과 같은 기제류에 속하는 동물이에요. 보통 우제류는 발굽이 짝수, 기제류는 홀수예요.

동물 X파일

거대한 몸집을 자랑하는 초식동물은?

하마

하마는 물을 오가며 생활해요. 평균 1,500kg으로 무겁기 때문에 물속에서 둥둥 뜰 수 없어요. 물속에 있는 하마가 헤엄치는 것처럼 보여도 사실은 물속 바닥을 발로 차면서 걸어 다니는 거예요.

물소

물소는 약 500kg이에요. 코끼리, 코뿔소, 하마보다는 가볍지만, 사람의 평균 체중과 비교하면 약 7~8배 더 무거운 동물이지요. 특히 아시아 지역에 서식하는 아시아물소는 800~1,200kg으로 매우 무거워요.

동물 퀴즈

10

몸에 줄무늬가 있는 포식자는 사자다?

맞으면 ○, 틀리면 ✕에
동그라미 하세요.

○ ✕

브로의 힌트

- 암수 모두 갈기가 없어요.
- 주로 혼자서 생활해요.
- 전래동화 <해와 달이 된 오누이>에 등장해요.

✕ 몸에 줄무늬가 있는 포식자는 호랑이예요.

호랑이 Tiger

학 명	Panthera tigris	먹 이	포유류, 조류 등	몸길이	약 1.5~4m
서식지	산림, 습지 등	분 포	동남아시아, 인도 등	특 징	몸에 있는 줄무늬

호랑이는 털뿐만 아니라 피부에도 줄무늬가 있어요. 호랑이의 줄무늬는 개체마다 달라서 사람의 지문과 같은 역할을 해요. 또한, 풀숲에서 몸을 더 잘 숨길 수 있는 위장 효과도 있답니다.

동물 관찰

관찰 동물

호랑이

◀ 더위를 피해
쉬고 있는 백호

▲ 인도의 벵골 호랑이

◀ 늠름한 백두산 호랑이

날짜: 2020년 8월 17일 **동물:** 호랑이

브르의 일기!

흰색인 백호부터 벵골 호랑이, 백두산 호랑이까지 다양한 호랑이를 만났어. 벵골 호랑이에게 먹이를 주는 체험은 무서웠지만, 특별한 경험이었어!

동물 X파일

최강 포식자는 누구?

사자

사자는 포유류를 대표하는 포식자예요. 무리 생활을 하는데, 보통 수사자 1~2마리와 여러 마리의 암사자, 새끼 사자로 구성되지요. 주로 암사자가 사냥을 하고, 수사자가 새끼를 보호하거나 무리를 지켜요.

하이에나 역시 가족 단위로 무리 생활을 하는 포식자예요. 강력한 이빨로 먹이를 물어뜯는데, 점박이하이에나는 사자보다도 *치악력이 강해요. 뛰어난 사냥 능력을 자랑하는 하이에나는 최대 60km 이상으로 달려서 재빠르게 사냥감을 낚아채요.

하이에나

***치악력:** 이빨과 턱으로 무는 힘.

동물 퀴즈 11

미어캣은 두 (   )로 서서 주변을 살핀다.

(   ) 안에 들어갈 말은 무엇일까요?

① 배

② 꼬리

③ 발

브르의 힌트

- 사람처럼 이걸로 설 수 있어요.
- 포식자를 경계할 때 이런 행동을 보여요.
- 따뜻한 햇볕을 쬘 때에도 이렇게 행동해요.

③ 발

미어캣 Meerkat

학 명	Suricata suricatta	먹 이	곤충, 파충류 등	몸길이	약 50cm (꼬리 포함)
서식지	건조한 평원	분 포	앙골라, 남아프리카	특 징	눈 주변의 검은색 무늬

미어캣은 두 발로 곧게 설 수 있어요. 은신처 밖으로 나와 따뜻한 햇볕을 쬐거나, 위험한 동물을 경계할 때도 두 발로 서지요. 먹이를 사냥할 때는 머리를 숙이기 때문에 두 발로 서서 보초를 서는 일이 중요해요.

동물 관찰

관찰 동물

미어캣

코

후각이 발달해
냄새를 잘 맡아요.

눈

눈 주변의 검은색 무늬가
햇빛의 눈부심을 막아줘요.

발

앞발의 발톱이
갈고리 모양이에요.

꼬리

두 발로 설 때
균형을 잡을 수 있도록 도와줘요.

미어캣은 약 20~50마리가 무리를 지어 생활해요. 암컷이 우두머리를 맡으며, 우두머리 암컷만 새끼를 낳을 수 있지요. 또한, 갈고리 모양의 발톱으로 굴을 깊게 파요.

우아!

동물 X파일

단독 VS 무리 생활을 하는 동물은?

독수리

단독 생활을 하는 동물에는 독수리, 호랑이 등이 있어요. 동물은 종에 따라 혼자 살거나 여러 마리가 무리 지어 생활해요. 단독 생활을 하면 먹이를 혼자서 마음껏 먹을 수 있지요. 하지만 사냥과 포식자 경계도 모두 혼자 해야 하기 때문에 생존율이 낮을 수 있어요.

늑대

무리 생활을 하는 동물에는 늑대, 꿀벌 등이 있어요. 무리 생활을 하는 경우에는 사냥과 포식자 경계, 육아를 모두 나눠서 할 수 있기 때문에 생존율이 높아요. 대신 개체 간 옮기는 전염병에 걸릴 위험이 있지요.

동물 퀴즈
12

나는 누구일까요?

그림자를 보고
정답을 맞혀 보세요.

브르의 힌트

- 나무 위를 자유롭게 돌아다녀요.
- 앞발을 손처럼 사용할 수 있어요.
- 여러 마리가 무리를 지어 생활해요.

원숭이

원숭이 Monkey

학 명	Primates	먹 이	나뭇잎, 과일, 곤충 등	몸길이	평균 40~50cm
서식지	밀림, 초원 등	분 포	열대, 아열대 지방	특 징	빨간 엉덩이

원숭이는 사람과 같은 영장목에 속하는 동물이에요. 원숭이는 대부분 꼬리가 있어요. 하지만 침팬지, 고릴라와 같은 *유인원은 모두 꼬리가 없지요. 사람도 꼬리가 없는 유인원에 속해요.

*유인원: 영장류 사람상과에 속하는 꼬리가 없는 종.

동물 관찰

관찰 동물

원숭이

후각 후각이 퇴화한 대신, 시각이 뛰어나요.

손 사람처럼 물체를 움켜쥘 수 있어요.

꼬리 균형을 잡을 때 꼭 필요해요.

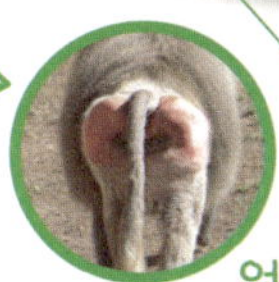

원숭이의 빨간 엉덩이

피부 종에 따라 *멜라닌 색소의 양, 피부 두께 등이 달라서 붉은색, 검은색 등을 띠는 경우가 있어요.

우아!

원숭이 꼬리는 원숭이가 나무 위를 마음껏 뛰어다니거나 나무에 매달려 먹이를 먹을 때 안전하도록 균형을 잡아 줘요.

***멜라닌:** 동물의 몸속에 있는 검은색이나 흑갈색의 색소.

동물 X파일

사람과 비슷한 동물이 있다?

고릴라

고릴라는 영장목 중 가장 큰 종으로, 수컷이 암컷보다 커요. 나이가 많은 수컷이 약 30마리 이상의 무리를 형성하며, 평균 10~15마리가 *군집을 이뤄요. 위협을 받으면 이빨을 드러내며, 뒷발로 서서 가슴을 두드려요.

침팬지

침팬지는 고릴라, 사람과 함께 대표적인 유인원에 속해요. 몸집은 작지만 사람보다 힘이 세요. 또한, 나뭇가지를 이용해 개미를 사냥하는 등 도구를 활용할 수 있지요. 침팬지는 사람과 DNA가 약 95% 이상 비슷해요.

***군집:** 여러 종류의 생물이 한 지역에 살면서 관계를 맺고 생활하는 개체군의 모임.

동물 퀴즈 13

수컷만 뿔이 나는 동물은?

초성을 보고
동물 이름을 맞혀 보세요.

ㄴ ㄹ

브르의 힌트

- 사슴의 일종이지만, 사슴보다 꼬리가 짧아요.
- 엉덩이에 흰 반점이 있어요.
- 'OO귀' 꽃과 'OO궁뎅이버섯'이 있어요.

노루

노루 Roe deer

학 명	Capreolus pygargus	먹 이	풀, 나뭇잎 등	몸길이	약 100~150cm
서식지	높은 산림지대, 들판 등	분 포	한국, 중국, 카자흐스탄 등	특 징	엉덩이의 흰색 반점

노루는 수컷에게만 뿔이 있어요. 뿔은 대부분 3개의 가지로 나뉘어져 있어요. 겨울이 되면 뿔이 떨어졌다가, 이듬해 5~6월이 되면 새로운 뿔이 다시 자라요.

동물 관찰

관찰 동물

노루

▼보호 중인 노루 친구들

◀냠냠 맛있게 먹는 노루

▲사이좋은 노루와 브르

날짜: 2023년 7월 26일 **동물:** 노루

브르의 일기!

야생동물보호 센터에서 사고로 다치거나 엄마를 잃은 새끼 노루들을 보호하고 있었어. 노루들이 건강하게 커서 자연으로 무사히 돌아가길 바랄게!

노루와 닮은꼴인 동물은?

사슴

사슴은 노루, 고라니 등이 속한 사슴과를 대표하는 동물이에요. 사슴은 노루와 마찬가지로 수컷만 뿔이 자라요. 노루와 비슷해 보이지만, 노루보다 꼬리가 길고 뿔이 더 많은 갈래로 나뉘어져 있어요.

고라니 송곳니

고라니

고라니는 노루와 다르게 수컷도 뿔이 없어요. 대신 암수 모두 기다란 송곳니가 있지요. 고라니의 송곳니는 평균 5cm 이상 자라는데, 입 밖으로 튀어나와 있어 먹이를 먹거나 다른 개체와 싸울 때 사용해요.

동물 퀴즈
14

나무늘보는 하루에 18시간 이상 잔다?

맞으면 ○, 틀리면 ✕에
동그라미 하세요.

○ ✕

브로의 힌트

- 대부분의 시간을 나무에 매달려서 보내요.
- 잘 움직이지 않아요.
- 적은 양의 먹이만 먹고도 살 수 있어요.

O

나무늘보는 하루에
18시간 이상 자요.

나무늘보 Sloth

학 명	Folivora	먹 이	나무의 새싹, 잎, 열매 등	몸길이	약 50~70cm
서식지	열대우림	분 포	중앙아메리카, 남아메리카	특 징	돌아가는 머리, 긴 팔다리

아하!

나무늘보는 잘 움직이지 않아서 에너지를 적게 사용해요. 또한, 소화 속도도 느려요. 한 번 먹이를 먹으면 소화하는 데 한 달이 넘게 걸리지요. 그래서 적은 양만 먹고도 오래 버틸 수 있어요.

동물 관찰

관찰 동물

나무늘보

머리

위아래 270°, 양옆 180°까지 돌릴 수 있어요.

목뼈

다른 포유류보다 목뼈가 더 많아요.

털

나무에 거꾸로 매달려 있어서 털도 거꾸로 자라요. 잘 안 움직여서 *녹조류가 자랄 수도 있어요.

발톱

발톱이 길고, 구부러져 있어요.

발

나무에 매달릴 때 사용해요.

우아!

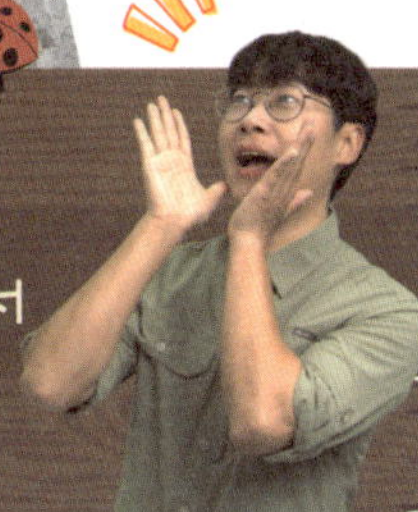

대부분의 포유류는 '경추'라고 불리는 목뼈가 7개예요. 반면, 세발가락나무늘보는 목뼈가 8~10개까지 있어서 머리를 최대 270°까지 돌릴 수 있어요.

***녹조류:** 엽록소를 가지고 있어 녹색을 띤 조류.

동물 X파일

귀여운 동물은 잠꾸러기다?

코알라

코알라는 하루에 약 20시간 동안 잠을 자요. 코알라가 먹는 유칼리나무 잎이 영양소가 적고, 독성이 있어 소화시키기 어렵기 때문이지요. 코알라의 수면 시간은 에너지를 보존하기 위한 생존 전략이라고 할 수 있어요.

판다는 하루에 평균 10시간, 많게는 20시간까지 잠을 자요. 코알라보다는 적은 시간이지만, 사람의 적정 수면 시간이 7~8시간인 것과 비교하면 긴 시간이지요. 판다 역시 에너지를 줄이기 위해 한 곳에 오래 앉아 있거나 잠을 자는 거예요.

판다

동물 퀴즈

15

염소의 동공은 ( )로 긴 모양이다.

( ) 안에 들어갈 말은 무엇일까요?

① 세로

② 가로

③ 동그라미

브르의 힌트

- 양, 소 등의 초식동물도 똑같은 모양이에요.
- 낮이 되면 동공이 직사각형으로 변해요.
- 육식동물의 동공은 세로로 길쭉해요.

② 가로

염소 Goat

학 명	Capra	먹 이	나뭇잎, 풀 등	몸길이	약 60~100cm
서식지	바위, 산악지대	분 포	아시아, 아프리카 등	특 징	가로로 긴 동공

아하!

염소의 동공은 가로로 긴 모양이에요. 초식동물은 쉬거나 먹이를 먹을 때 뒤에서 포식자가 몰래 다가오면 피할 수가 없어요. 따라서 포식자를 경계하기 위해서 좌우를 넓게 볼 수 있도록 동공이 가로로 길게 진화했지요.

동물 관찰

관찰 동물

염소

염소 가족을 관찰해요!

▼화목한 엄마와 새끼 염소

▲새까만 흑염소

똥

토끼 똥처럼
동글동글해요.

뿔

암수와 관계없이
대부분 뿔이 있어요.

눈

동공이 가로로 길쭉해요.
빛의 양에 따라
낮과 밤에 동공 모양이
달라요.

발굽

땅에 잘 달라 붙어서
높은 절벽도
미끄러지지 않고
오를 수 있어요.

수염

얇고 긴 턱수염이 있어요.

동물 X파일

동물의 동공은 모양이 다르다?

고양이

고양이처럼 사냥을 하는 육식동물의 동공은 대부분 세로로 길쭉해요. 고양이의 동공은 어두운 밤에는 커지고, 밝은 곳에서는 작아져요. 또한, 기분에 따라서도 동공의 크기가 변한답니다.

갑오징어

갑오징어의 동공은 밤에는 사람처럼 동그랗지만, 빛이 많은 낮에는 W나 U자 모양이에요. 동공이 눈의 아래쪽에 있어서 위쪽 빛을 차단하고 밑을 지나다니는 먹잇감을 잘 볼 수 있어요.

W 모양의 동공

동물 퀴즈
16

나는 누구일까요?

그림자를 보고
정답을 맞혀 보세요.

브르의 힌트

- 등에 뾰족한 가시가 나 있어요.
- 침을 거품처럼 만들어서 가시에 발라요.
- 새끼 때는 가시가 말랑말랑해요.

고 슴 도 치

고슴도치 Hedgehog

학 명	Erinaceinae	먹 이	곤충, 지렁이, 열매 등	몸길이	약 20~30cm
서식지	산림, 농경지 등	분 포	아시아, 아프리카, 유럽 등	특 징	몸에 있는 가시

고슴도치의 가시는 평소에는 누워 있지만, 위험을 느끼면 빳빳하게 서요. 그래서 고슴도치를 만질 때 가시에 찔리지 않으려면 먼저 친해지는 과정이 필요해요.

동물 관찰

관찰 동물

고슴도치

◀갓 태어난 새끼 고슴도치들

▲귀여운 고슴도치

◀뾰족한 고슴도치의 가시

날짜: 2021년 3월 11일 **동물:** 고슴도치

브르의 일기!

태어난 지 얼마 안 된 새끼 고슴도치를 만났어.

고슴도치는 후각과 청각이 매우 예민해서 조심해야 돼.

직접 손에 올려 봤는데, 가시를 세울까 봐 무서웠어!

뾰족뾰족한 가시가 있는 동물은?

호저

호저는 '산미치광이', '포큐파인'이라고도 불리는 설치류예요. 호저의 몸에 있는 길쭉한 가시에는 작은 *돌기가 있어서 한 번 박히면 빼내기 어려워요. 몸에 나 있는 가시가 빠지면 다시 새로운 가시가 자란답니다.

가시두더지

가시두더지는 고슴도치와 생김새가 비슷하며, 등이 가시로 뒤덮여 있어요. 고슴도치와 다르게 이빨이 퇴화했고 주둥이와 혀가 길어요. 혓바닥과 입천장이 단단해서 먹이를 핥거나 으깨 먹지요.

***돌기:** 뾰족하게 튀어나오거나 도드라진 부분.

동물 퀴즈

17

몸집이 가장 큰 새는?

초성을 보고
동물 이름을 맞혀 보세요.

ㅌ ㅈ

브로의 힌트

- 날개가 있지만 날지 못해요.
- 시속 70km가 넘는 속도로 달릴 수 있어요.
- 목과 다리가 길어요.

타 조

타조 Ostrich

학 명	Struthio camelus	먹 이	식물, 곤충, 작은 동물 등	몸길이	평균 2m
서식지	사바나, 초원 등	분 포	사하라 이남 아프리카	특 징	빠른 달리기

타조는 조류 중에서 몸집이 가장 크며, 날지 못해요.
하늘이 아닌 땅에서 생활하면서 날개나 깃털, 가슴뼈 등이 퇴화되고, 다리가 발달했지요.
그래서 굉장히 빠른 속도로 오래 달릴 수 있어요.

동물 관찰

관찰 동물

타조

눈

깃털이 눈꺼풀의 역할을 하며, 빛과 모래 바람을 막아줘요.

목

긴 목이 S자로 구부러져요.

암컷 타조의 털

털

머리, 목, 다리 등에는 털이 거의 없어요. 수컷은 털이 검은색, 암컷은 회갈색이에요.

무릎

슬개골(무릎뼈)이 2개씩 있어요.

발

발가락이 2개이며, 안쪽에 긴 발톱이 있어요.

우아!

대부분의 조류는 발가락이 4개예요. 하지만 타조는 발가락이 퇴화해서 2개만 남았지요. 덕분에 땅과 닿는 면적이 적어서 더 빠르게 달릴 수 있고, 긴 발가락으로 땅을 힘차게 찰 수 있어요.

동물 X파일

날지 못하는 새가 또 있다?

닭은 원래 넓은 들판이나 산에 살면서 날아다녔어요. 하지만 사육 목적으로 집에서 기르기 시작하면서 바닥에 있는 먹이를 먹다 보니 날 필요가 없어졌지요. 짧은 거리를 퍼덕일 수는 있지만 대부분의 닭이 하늘 높이 날지 못해요.

키위는 뉴질랜드를 대표하는 새로, 날개가 퇴화해서 날지 못해요. 날개가 몸에 붙어 있지만 너무 작아서 잘 안 보이지요. 대신 타조처럼 다리가 튼튼하게 발달해서 짧은 다리로도 잘 달려요.

동물 퀴즈

18

몸을 공처럼 돌돌 마는 동물이 있다?

맞으면 ○, 틀리면 ✕에
동그라미 하세요.

○ ✕

브르의 힌트

- 등껍질이 갑옷을 입은 것처럼 단단해요.
- 얼굴이 개미핥기와 닮았어요.
- 땅에서 굴을 파며 생활해요.

O

몸을 공처럼 돌돌 마는 동물은 아르마딜로예요.

아르마딜로 Armadillo

학 명	Chaetophractus	먹 이	식물, 작은 동물 등	몸길이	최대 100cm
서식지	초원, 산림, 사막 등	분 포	북아메리카, 남아메리카	특 징	갑옷처럼 단단한 등껍질

아르마딜로는 포식자에게 위협을 당했을 때 몸을 공처럼 돌돌 말아서 보호하는 동물이에요. 등껍질은 갑옷처럼 단단하며, 등에 있는 띠의 개수로 종을 구분하기도 해요.

동물 관찰

관찰 동물

아르마딜로

코

시력이 안 좋은 대신 후각이 발달했어요. 냄새로 먹이를 찾아요.

등

갑옷처럼 단단하고, 띠가 둘러져 있어요.

발톱

앞발에 있는 날카로운 발톱으로 땅을 잘 파요.

몸

위협을 느끼면 몸을 돌돌 말아서 스스로를 보호해요. 완전히 공처럼 동그랗게 말 수 있는 종도 있어요.

우아!

아르마딜로 중에서 가장 큰 왕아르마딜로는 몸길이가 약 75~100cm이며, 최대 몸무게가 80kg이에요. 반면, 애기아르마딜로는 몸길이가 10~15cm로, 아르마딜로 중에서 가장 작아요.

동물 X파일

동물들의 특이한 방어 행동은?

주머니쥐

주머니쥐는 위협을 느낄 때 죽은 척을 해요. 종에 따라 다르지만, 썩은 냄새가 나는 액체를 내뿜어 완벽한 사체처럼 보이기도 해요.
일부 주머니쥐는 캥거루처럼 육아 주머니에 새끼를 넣어 보호하거나 등에 새끼를 매달고 다녀요.

스컹크

스컹크는 지독한 악취로 유명해요. 스컹크의 엉덩이에는 항문샘이 있는데, 평소에 노란색 액체를 모아 두었다가 위험을 느끼면 액체를 내뿜어 냄새를 풍겨요. 악취를 뿜어 후각에 예민한 동물로부터 스스로를 보호하지요.

동물 퀴즈

19

타란툴라 몸에는 긴 (   )이 잔뜩 있다.

(   ) 안에 들어갈 말은 무엇일까요?

① 털

② 뿔

③ 점

브르의 힌트

- 알레르기 반응을 일으킬 수도 있어요.
- 종에 따라서 색깔이 다양해요.
- 적으로부터 몸을 보호해 줘요.

① 털

타란툴라 Tarantula

학 명	Theraphosidae	먹 이	곤충, 작은 동물 등	몸길이	평균 10~20cm
서식지	열대우림, 초원, 산지 등	분 포	아메리카, 아시아 등	특 징	독니

타란툴라는 종에 따라 생활 방식이 달라요. 땅에 구멍을 파고 지내는 버로우성, 땅 위를 돌아다니며 사냥하는 배회성, 나무 위에서 생활하는 교목성으로 구분할 수 있지요.

동물 관찰

관찰 동물

타란툴라

◀ *산란에 성공한 타란툴라

▲ 타란툴라의 알집

◀ 방금 태어난 타란툴라의 새끼

날짜: 2021년 9월 26일 **동물:** 타란툴라

브르의 일기!

우리 집 타란툴라가 산란을 해서 알을 확인했어. 알을 빼앗는 것 같아 미안했지만, 성체 타란툴라의 건강을 위해서는 어쩔 수 없었어. 대부분 건강하게 태어나서 정말 다행이야!

***산란:** 알을 낳음.

동물 X파일

절지동물에는 또 누가 있을까?

전갈

전갈은 타란툴라와 같은 절지동물이에요. 절지동물이란 딱딱한 *외골격이 있고, 몸이 마디로 나뉜 동물을 말해요. 전갈의 긴 꼬리 끝에는 날카로운 독침이 있는데, 커다란 집게와 독침으로 곤충이나 작은 동물을 사냥해요.

지네

지네는 기다란 몸에 수많은 다리가 있는 절지동물이에요. 보통 다리가 15쌍 이상이며, 최대 177쌍인 종도 있어요. 지네도 타란툴라, 전갈처럼 독이 있기 때문에 함부로 만지면 위험해요.

***외골격:** 동물의 몸 바깥쪽에 있는 딱딱하고 단단한 구조.

동물 퀴즈

20

나는 누구일까요?

그림자를 보고
정답을 맞혀 보세요.

브르의 힌트

- 육상 포유류 중에서 키가 가장 커요.
- 초식동물로, 주로 나뭇잎을 먹어요.
- 몸에 그물눈 모양의 줄무늬가 있어요.

기린

기린 Giraffe

학 명	Giraffa camelopardalis	먹 이	아카시아 잎, 덩굴식물 등	몸길이	평균 5m
서식지	사바나, 초원 등	분 포	사하라 사막 이남의 아프리카	특 징	긴 목, 몸의 무늬

기린은 눈에 띄게 목이 긴 동물이에요. 목이 길어서 다른 동물보다 목뼈가 많을 것 같지만, 놀랍게도 기린의 목뼈는 사람이나 다른 포유류처럼 7개예요. 대신 목뼈 하나하나의 길이가 매우 길어요.

동물 관찰

관찰 동물

기린

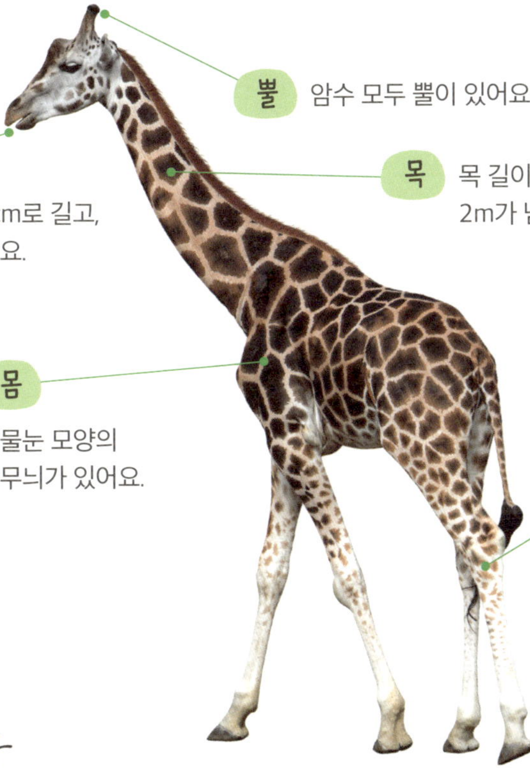

뿔 암수 모두 뿔이 있어요.

혀 약 40~50cm로 길고, 검은색이에요.

목 목 길이만 2m가 넘어요.

몸 그물눈 모양의 줄무늬가 있어요.

다리 물을 마실 땐 다리를 넓게 벌려서 서요. 잠을 잘 땐 다리를 굽히고 앉아서 잔답니다.

앉아서 자는 기린

우아!

기린은 목이 길어서 심장부터 머리까지의 거리가 멀어요. 머리까지 혈액을 보내려면 강한 압력이 필요해서 혈압이 높은 편이지요. 그래서 혈압 조절을 돕는 특수한 조직이 있어요.

동물 X파일

동물 몸의 무늬에 비밀이 있다?

얼룩말

얼룩말은 검은색 피부 위에 선명한 흰색 줄무늬가 있어요. 이 줄무늬는 흡혈파리나 포식자의 시각에 혼란을 주는 위장의 효과가 있지요. 또한, 검은색 줄무늬는 열을 흡수하고, 흰색 줄무늬는 열을 반사해 체온 조절에 도움을 줘요.

뱀

뱀은 개체마다 색과 무늬가 다양해요. 뱀의 무늬는 나무, 풀 등과 비슷해서 먹이를 사냥하거나 포식자를 피할 때 몸을 쉽게 숨길 수 있어요. 또한 화려한 색과 무늬로 포식자를 경계하거나 위협하기도 해요.

2장

물을 오가는 동물

물에는 어떤 동물이 살까?

물속에는 다양한 물고기와 고래, 바다거북 등이 살고 있어요.
대부분의 물속 동물은 피부가 매끄럽고 헤엄을 잘 쳐요.

물가에는 개구리, 악어, 수달 등이 살고 있어요.
이들은 물과 육지를 오가며 생활해요.
주로 물에서 사냥을 하고, 육지에서 쉬거나 이동해요.

동물 퀴즈
21

부채처럼 몸이 넓적한 동물은?

초성을 보고
동물 이름을 맞혀 보세요.

ㄱ ㅇ ㄹ

브르의 힌트

- 눈이 등에 있어요.
- 주로 바다에 서식하지만, 강에 사는 종도 있어요.
- 튼튼한 이빨로 물고기를 잡아먹어요.

가오리

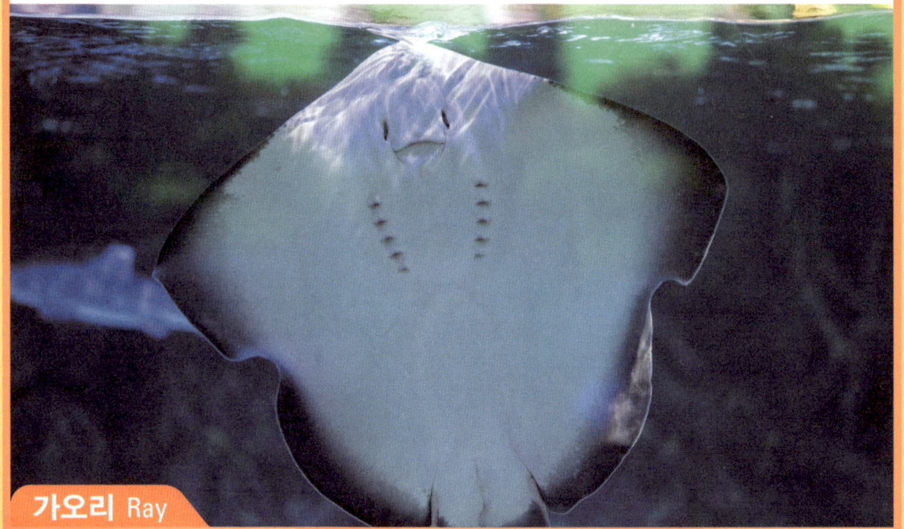

가오리 Ray

학 명	Batoidea	먹 이	갑각류, 작은 물고기 등	몸길이	약 70~100cm 이상
서식지	바다의 밑바닥	분 포	전 세계의 바다, 일부 강	특 징	넓적한 몸

가오리는 주로 바다의 밑바닥에 붙어서 생활해요.
낮게 헤엄치며 모래에 숨은 여러 동물들을 잡아먹지요.
가오리는 바닥에 낮게 붙어서 헤엄칠 수 있도록
넓적하고 평평한 몸으로 진화했어요.

동물 관찰

관찰 동물

가오리

꼬리지느러미

강력한 독가시가 있는 종이 많아요.

몸

몸 두께가 두껍지 않고 납작해요.

분수공

숨을 쉬기 위해 물을 들이마셔요.

가오리의 콧구멍

가슴지느러미

부채처럼 넓적하게 펴져 있어요.

아가미

배의 가운데에 5쌍의 아가미 구멍이 있어요.

눈

눈이 등에 있어요. 배에 있는 구멍은 콧구멍이에요.

우아!

가오리는 바닥에 붙어서 생활하기 때문에 등에 호흡을 도와주는 기관인 분수공이 있어요. 바닥에 있을 때는 분수공을 사용해 물을 들이마시고 산소를 얻는답니다.

동물 X파일

경골어류와 연골어류의 다른 점은?

고등어

경골어류는 뼈의 일부 또는 전체가 딱딱한 물고기예요. 고등어, 삼치 등이 경골어류에 속해요. 몸에는 보통 비늘이 있으며, 물의 움직임과 진동을 감지하는 옆줄이 있어요. 경골어류는 *부레를 이용해 물에 쉽게 떠 있거나 이동할 수 있어요.

상어

연골어류는 뼈가 부드러워서 압력이 높은 심해에서도 생활할 수 있어요. 대부분의 상어와 가오리가 대표적인 연골어류예요. 연골어류는 경골어류와 다르게 부레가 없어서 지방을 저장해 *부력을 얻거나 물에 떠 있기 위해서 쉬지 않고 계속 움직여요.

***부레:** 경골어류의 몸에 있는 공기주머니로, 물속 이동을 돕는 기관.

***부력:** 기체나 액체 속에 있는 물체가 압력에 의하여 위로 뜨려는 힘.

동물 퀴즈

22

지구에서 가장 큰 물고기는 복어다?

맞으면 ○, 틀리면 ✕에
동그라미 하세요.

○ ✕

브르의 힌트

- 몸 전체에 흰색 점 무늬가 있어요.
- 몸집이 크고, 몸길이가 최대 18m까지 자라요.
- 대량 포획으로 멸종위기종이 되었어요.

✕ 지구에서 가장 큰 물고기는 고래상어예요.

고래상어 Whale shark

학 명	Rhincodon typus	먹 이	갑각류, 오징어, 플랑크톤 등	몸길이	평균 12m, 최대 18m
서식지	온대와 열대 바다	분 포	전 대양	특 징	흰색 점, 작은 이빨

고래상어의 이빨은 약 3mm로 정말 작아요. 그래서 먹이를 씹지 않고 물과 함께 한 번에 삼키지요.

고래상어의 아가미에는 스펀지처럼 생긴 조직이 있어서 물속에 섞여 있는 먹이를 걸러낼 수 있어요.

동물 관찰

관찰 동물

고래상어

▼다양한 바다 생물

거대한 고래상어

▲뛰어난 수영 실력

◀빨판상어 친구들과 함께하는 고래상어

날짜: 2024년 4월 18일 **동물:** 고래상어

브로의 일기!

아쿠아리움에서 고래상어를 만났는데 몸집이 엄청 거대했어! 주변에 있는 다른 상어들이 작아 보일 정도였지. 다음에는 꼭 바다에서 헤엄치는 고래상어를 만나고 싶어!

동물 X파일

특이하게 생긴 물속 동물이 있다?

귀상어

귀상어는 머리가 망치처럼 좌우로 길고, 눈이 양쪽 끝에 달려 있어요. 그래서 더 넓은 범위를 볼 수 있지요. 귀상어는 머리로 물의 온도와 압력을 느끼고, *로렌치니 기관으로 모래 속에 숨어 있는 먹잇감을 찾아내요.

빨판상어는 사실 상어가 아니에요. 뼈가 부드러운 상어와 달리, 빨판상어는 뼈가 딱딱해요. 빨판상어는 머리 위에 빨판처럼 생긴 *흡반으로 다른 어류의 몸에 붙어서 살아가요. 큰 어류가 놓친 먹이나, 몸에 붙은 기생충을 먹는답니다.

빨판상어

***로렌치니:** 전기를 감지하는 기관으로, 물고기에서 나오는 전기를 감지할 수 있음.

***흡반:** 다른 동물이나 물체에 달라붙기 위한 기관.

동물 퀴즈

23

수달은 발에 있는 ( )덕분에 수영을 잘한다.

( ) 안에 들어갈 말은 무엇일까요?

① 물갈퀴

② 발톱

③ 지문

브르의 힌트

- 물에서 생활하는 다른 동물에게도 있어요.
- 수영을 잘하는 개, 리트리버도 이걸 가지고 있어요.
- 오리의 이걸 보고 오리발을 발명했어요.

① 물갈퀴

수달 Otter

학 명	Lutrinae	먹 이	물고기, 게 등	몸길이	63~75cm (꼬리 41~55cm)
서식지	강, 바다 등	분 포	유럽, 북아프리카, 아시아	특 징	물갈퀴가 있음

\ 아하! /

수달은 물속 생활을 하기에 좋은 조건을 갖췄어요. 다리가 짧고, 발가락이 발톱까지 물갈퀴로 되어 있어 헤엄을 잘 쳐요. 걸어 다닐 때는 발가락 전체가 땅에 닿는데, 발톱이 약해서 땅을 파지는 못해요.

동물 관찰

관찰 동물

수달

▼귀여운 새끼 수달들

▲수영 실력도 수준급!

몸

몸이 매끄러워서 헤엄칠 때
물의 저항을 줄일 수 있어요.

코와 귀

물속에서 콧구멍과
귀를 닫아요.

꼬리

긴 꼬리로 물속에서
방향을 잡아요.

발

물갈퀴가 있어서
수영을 잘하지만,
발톱이 약해요.

수염

먹이를 감지해요.

동물 X파일

해달 VS 수달 어떻게 구분할까?

해달

해달은 주로 조개류를 먹어요. 딱딱한 조개를 먹기 위해서 가슴 위에 돌멩이를 올려 놓고, 조개를 돌멩이에 내리쳐서 깨뜨려 먹어요. 해달의 몸에는 돌멩이를 보관할 수 있는 주머니가 있어요.

수달

수달은 해달과 같이 족제비과에 속하는 포유류예요. 이 둘은 생김새가 비슷하지만, 차이점이 많아요. 해달은 조개를 먹고, 수달은 손으로 물고기를 잡아서 먹지요. 또한 해달은 누워서 수영하고, 수달은 엎드려서 수영해요.

동물 퀴즈
24

나는 누구일까요?

그림자를 보고
정답을 맞혀 보세요.

브르의 힌트

- 조류에 속하며, 날개가 있지만 날지 못해요.
- 지구의 남쪽 바다에 많이 살아요.
- 대부분 등은 검은색, 배는 흰색이에요.

펭귄

펭귄 Penguin

학 명	Sphenisciddae	먹 이	작은 물고기, 갑각류 등	몸길이	약 30~100cm
서식지	바닷가	분 포	남아메리카, 남아프리카 등	특 징	촘촘한 털, 기름샘

펭귄은 긴 털과 짧은 털이 촘촘하게 나 있어요. 털이 서로 맞물려서 바닷물을 막아 주고, 체온을 유지해 줘요. 펭귄은 꼬리 주변에 있는 기름샘에서 나온 기름을 직접 몸에 발라서 *방수 효과를 내요.

*방수: 스며들거나 넘쳐 흐르는 물을 막음.

동물 관찰

관찰 동물

펭귄

▼태어난 지 1주 이상된 펭귄

▲태어난 지 약 2달된 펭귄

◀엄마 뒤에 숨은 새끼 펭귄

날짜: 2021년 6월 22일 **동물:** 훔볼트펭귄

브로의 일기!

펭귄은 태어난 지 7주가 지나면 솜털이 빠지고
방수가 가능한 새로운 털이 자란대.
귀여운 새끼 펭귄들이 얼른 자라서 엄마 펭귄이랑
함께 수영했으면 좋겠어!

동물 X파일

가장 작은 펭귄과 가장 큰 펭귄은?

쇠푸른펭귄

쇠푸른펭귄은 가장 작은 펭귄이에요. 평균 몸길이는 약 35cm로, 황제펭귄의 3분의 1 정도밖에 안 돼요. 그래서 요정펭귄, 꼬마펭귄이라고 불리지요. 오스트레일리아와 뉴질랜드 해안에 서식하며, 주로 작은 물고기나 크릴새우를 잡아먹어요.

황제펭귄

황제펭귄은 가장 큰 펭귄이에요. 몸길이가 120cm 넘게 자라며, 수영 실력이 뛰어나요. 물속 500~600m 깊이에서 20분가량 잠수할 수 있지요. 남극에만 서식하며, 추운 겨울에 알을 낳아 정성껏 돌봐요.

동물 퀴즈

25

'바다에 사는 말'이라고 불리는 동물은?

초성을 보고
동물 이름을 맞혀 보세요.

ㅎ ㅁ

브로의 힌트

- 머리가 말과 비슷하게 생겼어요.
- 동그랗게 말린 꼬리로 물체를 잡을 수 있어요.
- 입이 길쭉해요.

해 마

해마 Sea horse

학 명	Hippocampus	먹 이	작은 갑각류, 플랑크톤 등	몸길이	평균 6~10cm
서식지	얕은 바다	분 포	열대~온대 해역	특 징	길쭉한 입

해마는 특이하게도 수컷 배에 새끼를 담는 육아낭(육아 주머니)이 있어요. 암컷이 수컷의 육아낭에 알을 낳으면, 수컷이 알을 돌보며 새끼 해마가 포식자로부터 안전하게 부화할 수 있도록 보호해요.

동물 관찰

관찰 동물

해마

입

기다란 입으로
먹이를 빨아먹어요.

몸

비늘 대신 *골판이
몸을 덮고 있어요.

육아낭

수컷은 배에
육아낭(육아 주머니)이 있어요.

지느러미

등지느러미와
가슴지느러미로
느리게 헤엄쳐요.

꼬리

물체를 휘감을 수 있어요.

우아!

해마는 다른 물속 동물들과 다르게 꼬리지느러미가 없어서 빠르게 헤엄치지 못해요. 대신 등지느러미와 가슴지느러미를 움직여 천천히 앞으로 나아가요.

***골판:** 뼈 또는 뼈처럼 단단한 물질로 된 구조.

동물 X파일

육아낭이 있는 또 다른 동물은?

캥거루

캥거루는 아직 덜 자란 상태의 새끼를 낳아요. 그래서 육아낭에 새끼를 넣고 안전하게 돌본답니다. 새끼는 엄마의 육아낭에서 약 6~12개월 동안 성장해요.

코알라

코알라도 캥거루와 같은 유대류에 속하며, 암컷에게 육아낭이 있어요. 덜 자란 상태로 태어난 새끼를 육아낭에서 키우지요. 캥거루와 다르게 육아낭이 거꾸로 달려 있어서 새끼 코알라가 엄마의 변을 편하게 받아먹을 수 있어요.

동물 퀴즈
26

주둥이가 얇고 길쭉한 악어는 가비알이다?

맞으면 O, 틀리면 X에
동그라미 하세요.

O X

브로의 힌트

- 인도, 네팔 등의 넓은 강에 서식해요.
- 긴 주둥이와 날카로운 이빨로 물고기를 잡아먹어요.
- 개체 수가 많이 줄어서 보호가 필요해요.

O

주둥이가 얇고 길쭉한 악어는 가비알이에요.

가비알 Gavial / Gharial

학 명	Gavialis gangeticus	먹 이	물고기, 갑각류 등	몸길이	평균 3~6m
서식지	큰 하천	분 포	인도, 네팔 등	특 징	얇고 길쭉한 주둥이

가비알은 주둥이가 가늘고 길어서 다른 악어들과 한눈에 구분할 수 있어요. 주둥이 길이만 약 1m이며, 날카로운 이빨이 잔뜩 나 있어서 빠르게 움직이는 물고기도 손쉽게 사냥해요.

동물 관찰

관찰 동물

가비알

주둥이가 얇고 길쭉한 가비알

▲ 신기한 생김새의 가비알

▲ 뛰어난 수영 실력!

혹 수컷은 주둥이 앞쪽에 혹이 있어요.

몸 매끄러운 비늘로 덮여 있어요.

주둥이 주둥이가 가늘고 길며, 날카로운 이빨이 있어요.

물갈퀴 부분적으로 물갈퀴가 있어서 수영을 잘해요.

꼬리 꼬리가 길고 굵어요.

알쏭달쏭 악어 구분법은?

크로커다일

크로커다일은 바다나 강에 서식하는 악어예요. 주둥이가 V자 모양으로, 위에서 보면 뾰족해요. 입을 다물었을 때 아래 이빨이 밖으로 보이는 게 특징이에요.

앨리게이터

앨리게이터는 바다가 아닌 민물에서만 살아요. 주둥이는 U자 모양이고, 크로커다일과 다르게 입을 다물었을 때 아래 이빨이 전혀 보이지 않아요.

동물 퀴즈

27

개구리는 짝짓기를 위해 (　　　　)를 낸다.

(　) 안에 들어갈 말은 무엇일까요?

① 방귀소리

② 울음소리

③ 기침소리

브르의 힌트

- 개구리의 의사소통 수단이에요.
- 비가 오는 날이면 더 많이 내요.
- 늑대, 닭처럼 다른 동물들도 낼 수 있어요.

② 울음소리

개구리 Frog

학 명	Anura	먹 이	곤충, 작은 동물 등	몸길이	평균 6~16cm
서식지	축축하고 습한 곳	분 포	아시아, 아메리카, 아프리카 등	특 징	피부 호흡

개구리는 "개굴개굴" 울어요. 수컷 개구리가 울면 암컷이 그 소리를 듣고 찾아와서 짝짓기를 해요. 비가 와서 공기에 물이 많아지면 피부로 숨을 쉬기 쉬워져 더 크게 울지요.

동물 관찰

관찰 동물

개구리

사이 좋은
개구리 친구들

▼ 브르가 꾸민 개구리 집

꼬리

올챙이 때 있던 꼬리가
개구리가 되면 없어져요.

눈

눈을 감으면서 눈알로 먹이를
목구멍 쪽으로 눌러 보내요.

혀

길고 끈적끈적한 점액이
있어서 먹이를 잡아채요.

고막

다른 개구리의
울음소리를 들을 수 있어요.

발 주로 뒷발에 물갈퀴가 있고,
흡반이 있는 종은 어디든 잘 달라붙어요.

울음주머니

공기를 보내 큰 소리를 내요.

특이하게 생긴 개구리가 있다?

유리개구리

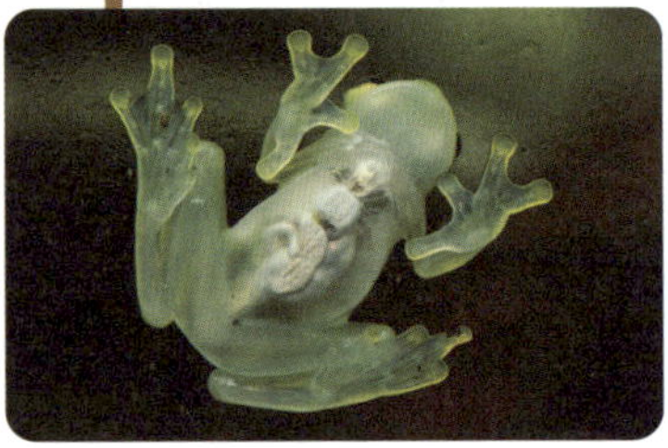

유리개구리는 유리처럼 몸이 투명해서 몸속 장기가 그대로 보여요. 특히 유리개구리가 잠을 잘 때나 쉴 때는 빨간 혈관마저 안 보이고 완전히 투명해져요. 적혈구를 간으로 보내서 혈관을 투명하게 만드는 거예요.

밀키프록

밀키프록은 위협을 느끼면 몸에서 우유처럼 하얀색의 분비물을 내뿜어요. 색깔과 무늬가 젖소와 비슷한 종도 있어요. 밀키프록은 주로 아마존의 열대우림에 서식하며, 나무 위에서 생활해요.

동물 퀴즈

28

나는 누구일까요?

그림자를 보고
정답을 맞혀 보세요.

브르의 힌트

- 깃털 색깔이 흰색, 분홍색 등 다양해요.
- 쉴 때 한쪽 다리를 들고 있어요.
- 주로 얕은 물에서 먹이를 사냥해요.

홍 학

홍학 Flamingo

학 명	Phoenicopteridae	먹 이	갑각류, 플랑크톤 등	몸길이	90~150cm
서식지	호수, 습지, 바닷가	분 포	전 세계	특 징	얇고 길쭉한 다리

아하!

홍학이 주로 먹는 갑각류에는 '카로티노이드'라는 붉은색 색소가 포함되어 있어요. 그래서 먹이를 먹은 홍학의 깃털 색이 분홍색, 붉은색 등으로 변하는 거지요.

동물 관찰

관찰 동물

홍학

부리

굽은 부리로 물속에 있는 먹이를 퍼서 먹어요. *여과하는 기관이 있어요.

몸

갑각류를 잡아먹고 몸이 분홍색을 띠기도 해요.

목

날 수 있는 새 중에서 목이 가장 길어요. 목뼈가 17개예요.

다리

주로 한쪽 다리로 서 있는 경우가 많아요.

우아!

홍학은 에너지를 절약하고 체온을 유지하기 위해서 한쪽 다리를 들고 서 있어요. 근육을 조금만 사용해 균형을 유지하고, 물속에 한쪽 다리만 넣어 체온이 떨어지지 않게 하는 거지요.

***여과:** 진흙이나 모래를 걸러내는 일.

동물 X파일

물에 서식하는 새가 또 있다?

갈매기

갈매기는 바닷가, 호수, 강 등에 서식해요. 여름에는 고위도 지역에서 생활하다가 늦가을에 우리나라로 날아오는 겨울 철새이지요. 우리나라에서는 괭이갈매기, 재갈매기 등의 갈매기를 볼 수 있어요.

청둥오리

청둥오리도 물에 서식하며, 우리나라에서 겨울을 보내요. 수컷의 부리가 선명한 노란색인 반면, 암컷은 주황색에 검은색 반점이 있어요. 또한 암수의 깃털 색이 달라서 얼핏 보면 서로 다른 종처럼 보여요.

청둥오리 암컷

동물 퀴즈
29

커다란 집게발을 가진 동물은?

초성을 보고
동물 이름을 맞혀 보세요.

ㄱ ㅈ

브르의 힌트

- 다리가 총 10개 있어요.
- 더듬이가 2쌍 있는 갑각류에 속해요.
- 게와 비슷하지만 앞으로 움직여요.

가 재

가재 Lobster / Crayfish

학 명	Astacidea	먹 이	수초, 작은 동물, 동물의 사체 등	몸길이	평균 5~20cm
서식지	바다, 민물	분 포	전 세계	특 징	단단한 집게

가재의 더듬이는 2쌍으로, 긴 더듬이와 짧은 더듬이가 있어요. 가재는 더듬이로 주변을 살펴서 먹이를 찾거나 위험을 피해요.

동물 관찰

관찰 동물

가재

▼오렌지팁 ▼풀케르

▲블루마론 ▲브라운마론

▲블랙스콜피온 ◀캄바루스젠트리

색깔도 크기도 천차만별인 가재 친구들!

날짜: 2021년 11월 3일　　**동물:** 가재

브르의 일기!

블루마론, 풀케르, 오렌지팁 등 다양한 가재 친구들을 만났어. 가재가 이렇게 많은 종이 있는지 처음 알았는데, 집게가 커다랗고 색깔이 선명해서 정말 멋있었어!

갑옷 같은 몸의 딱딱한 동물은?

게

게는 가재처럼 커다란 집게발이 있어요. 얕은 바다, 갯벌, 민물 등 다양한 환경에서 서식하지요. 집게를 제외한 다리가 모두 옆으로 뻗어 있어서 옆으로 걷는 게 특징이에요.

새우

새우는 말랑말랑해 보이지만, 사실 가재나 게처럼 단단한 껍데기로 덮여 있어요. 평소에는 배에 있는 다리를 움직여 천천히 앞으로 나아가지만, 위험할 때는 배를 굽혔다 펴면서 튀어 올라 재빠르게 도망쳐요.

동물 퀴즈
30

하마는 수영을 잘한다?

맞으면 ○, 틀리면 ✕에
동그라미 하세요.

○ ✕

브르의 힌트

- 하마라는 이름은 '강에 사는 말'을 뜻해요.
- 낮에는 더위를 피해 대부분 물속에 있어요.
- 물속에서 5분 정도 숨을 참을 수 있어요.

✕

하마는
수영을 못해요.

하마 Hippopotamus

학 명	Hippopotamus amphibius	먹 이	풀, 과일 등	몸길이	약 3.7~5.4m
서식지	강가, 호수	분 포	사하라 사막 이남의 아프리카	특 징	붉은색의 분비물

하마는 낮 동안 더위를 피해서 물속에서 지내요.
하지만 부력이 작고 몸이 무거워서 수영을 할 수 없어요.
그래서 물속 바닥을 발로 차면서 걸어 다녀요.

동물 관찰

관찰 동물

하마

▼코끼리와 닮은 꼬리

▲거대한 몸집의 하마

▲입을 벌리기 위한 볼 살

꼬리 꼬리로 변을 흩뿌려서 영역을 표시해요.

피부 땀 대신 붉은색의 분비물을 내뿜어 햇빛을 막고 피부를 보호해요.

코와 귀 물속에서 코와 귀를 닫을 수 있어요.

발 두꺼운 발로 물속에서 바닥을 차면서 걸어 다녀요.

이빨 치악력이 강하고, 송곳니가 약 50cm예요.

동물 X파일

바다에 사는 포유류는 누구?

혹등고래

혹등고래는 평균 12~15m인 거대한 몸길이를 자랑해요. 몸집이 큰 만큼 커다란 먹이를 먹을 것 같지만, 실제로는 크릴새우, 플랑크톤, 물고기 같은 작은 먹이를 먹어요. 그래서 충분한 에너지를 얻기 위해 하루에 1t이 넘는 먹이를 먹는답니다.

듀공

듀공은 얕은 바다에서 해초를 뜯어 먹으며 살아가요. 특이하게도 엄마가 새끼를 안고 직접 젖을 먹이는데, 이 모습이 사람처럼 보여서 옛날에는 사람들이 듀공을 인어로 착각하기도 했답니다.

동물 퀴즈
31

아홀로틀은 다 자란 후에도 (   )가 남아있다.

(   ) 안에 들어갈 말은 무엇일까요?

① 귀
② 날개
③ 아가미

브르의 힌트

- 물속에 사는 동물이 호흡하는 기관이에요.
- 대부분의 도롱뇽은 성장하면서 사라져요.
- 얼굴 양쪽에 각각 3개씩 있어요.

③ 아가미

아홀로틀 Axolotl

학 명	Ambystoma mexicanum	먹 이	작은 물고기, 곤충 등	몸길이	평균 20~40cm
서식지	호수	분 포	멕시코 중부	특 징	겉아가미가 있음

아하!

아홀로틀은 특별한 재생 능력이 있어요. 팔이나 다리 같은 신체 부위가 잘려도 다시 자라지요. 심장이나 뇌 같은 중요한 장기까지도 재생할 수 있어요.

동물 관찰

관찰 동물

아홀로틀

▼아홀로틀의 알

◀새끼 아홀로틀

◀브르가 키운 아홀로틀의 알

형형색색 새로운 매력의
아홀로틀 친구들!

날짜: 2025년 2월 26일 **동물:** 아홀로틀

브르의 일기!

아홀로틀의 알을 처음 봤는데 개구리, 두꺼비의 알과 다르게 하나씩 모두 떨어져 있었어. 직접 알을 돌보면서 부화 과정을 지켜 본 특별한 경험이었어!

동물 X파일

몸이 다시 자라는 동물이 있다?

도마뱀

도마뱀은 대부분 위험을 느끼면 스스로 꼬리를 끊고 도망칠 수 있어요. 잘린 꼬리는 다시 재생하지만 한 번 재생된 꼬리는 또 끊을 수 없어요. 이러한 능력을 '자절'이라고 해요.

불가사리

불가사리는 아홀로틀만큼이나 뛰어난 재생 능력이 있어요. 몸통만 남아 있으면 잘린 팔을 몇 번이고 다시 재생할 수 있지요. 게다가 잘린 팔에서 새로운 불가사리가 태어나기도 해요.

동물 퀴즈

32

나는 누구일까요?

그림자를 보고
정답을 맞혀 보세요.

브로의 힌트

- 종에 따라 땅, 바다 등 다양한 환경에 살아요.
- 단단한 등갑이 있어요.
- 지구에 서식하는 가장 오래된 파충류예요.

거북

바다거북 Turtle

학 명	Chelonioidea	먹 이	해초, 물고기 등	몸길이	평균 약 1m
서식지	바다	분 포	대부분의 대양	특 징	육지에 알을 낳음

거북은 서식 환경에 따라 육지거북, 바다거북, *반수생거북으로 나뉘어요. 바다거북은 평생을 바다에서 생활하지만, 산란할 때는 고향으로 돌아와 육지에 올라와 알을 낳는답니다.

***반수생:** 물과 육지를 오가며 생활하는 동물.

동물 관찰

관찰 동물

거북

▲위협적인 반수생 늑대거북

▲단단한 꼬리

▲날카로운 발톱

등갑

단단한 등갑으로
몸을 보호해요.

허파

허파(폐)로
공기 호흡을 해요.

꼬리

대부분 꼬리가 짧아서
잘 안 보여요.

몸

유선형의 몸으로
수영을 잘해요.

다리

다리가 지느러미
형태예요.

육지거북 VS 바다거북의 다른 점은?

육지거북

육지거북은 땅에서 생활해요. 그래서 땅을 기어다니기 편한 발과 날카로운 발톱이 발달했지요. 육지거북은 등갑이 위로 둥글게 솟아 있어서 위험을 느끼면 몸을 등갑 안으로 숨길 수 있어요.

바다거북

바다거북은 산란기를 제외하고 거의 물속에서 살기 때문에 발이 지느러미 모양으로 발달했어요. 또한, 육지거북과 다르게 등갑이 납작해서 몸을 등갑 안으로 숨길 수 없어요.

동물 퀴즈
33

귀가 없고, 바다에 사는 동물은?

초성을 보고
동물 이름을 맞혀 보세요.

ㅁ ㅂ

브로의 힌트

- '바다표범'이라고도 해요.
- 주로 몸에 점 무늬가 있어요.
- 천연기념물, 멸종위기동물인 종이 있어요.

물 범

물범 Earless seal

학 명	Phocidae	먹 이	갑각류, 물고기 등	몸길이	평균 150cm
서식지	바다, 해안가	분 포	북극해, 대서양, 열대 해역 등	특 징	귀가 없음

물범은 귓바퀴가 없지만, 귓구멍으로 소리를 들을 수 있어요. 물범은 앞다리가 짧아 육지에서는 배를 통통 튕기며 기어다녀요. 물속에서 헤엄칠 때는 뒷다리를 꼬리지느러미처럼 사용하지요.

동물 관찰

관찰 동물

물범

◀ 귀여운 새끼 참물범

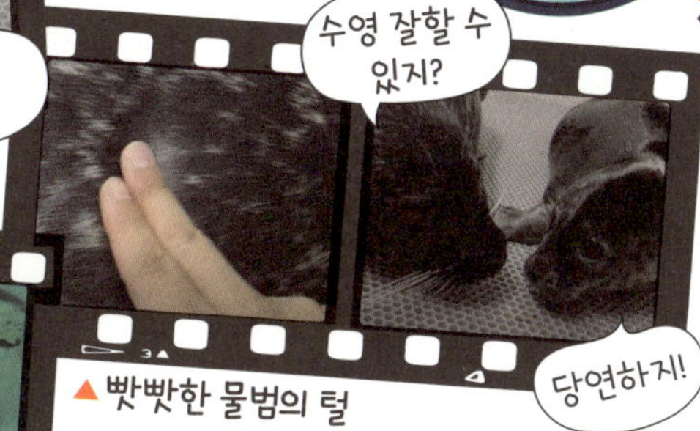

▲ 빳빳한 물범의 털

▲ 사이좋게 수영하는 물범 가족

날짜: 2023년 1월 13일 **동물:** 물범

브르의 일기!

물범은 피부가 매끈해 보이지만, 직접 만져 보면 마른 붓처럼 빳빳해. 태어난 지 3일 만에 수영할 수 있다는 게 정말 놀라워!

동물 X파일

물범과 닮은꼴인 동물은?

물개

물개는 물범처럼 바다에 서식하며, 물고기를 잡아먹어요. 물범과 생김새가 비슷하지만, 앞다리가 길어서 상체를 세울 수 있고, 머리 양쪽에 작은 귓바퀴가 있어요.

코끼리의 상아

바다코끼리는 코끼리의 상아처럼 길쭉한 엄니가 있어서 물범과 쉽게 구분할 수 있어요. 송곳니가 길게 자란 형태인 엄니는 최대 1m까지 자라며, 조개를 먹거나 이동할 때 사용해요.

바다코끼리

3장

하늘을 나는 동물

하늘에는 어떤 동물이 살까?

새는 화려한 깃털과 가벼운 뼈, 튼튼한 가슴 근육을 이용해 하늘을 날아다녀요. 새의 종류에는 독수리, 벌새, 제비 등이 있어요.

곤충은 작은 몸으로 부지런히 날갯짓을 하며 날아다녀요. 날개가 있는 곤충에는 나비, 벌, 잠자리 등이 있어요.

동물 퀴즈

34

주로 밤에 활동하는 새는?

초성을 보고
동물 이름을 맞혀 보세요.

ㅇ ㅃ ㅁ

브르의 힌트

- 날카로운 부리와 발톱으로 사냥하는 *맹금류예요.
- 눈을 못 움직이지만, 목을 최대 270°까지 돌려요.
- 날개에 솜털이 많아 비행할 때 소리가 나지 않아요.

*맹금류: 육식성의 사나운 조류.

올빼미

올빼미 Owl

학 명	Strigidae	먹 이	쥐, 토끼, 새 등 작은 동물	몸길이	약 40cm
서식지	평지, 산지 등	분 포	아시아, 유럽, 아메리카 등	특 징	야행성

올빼미는 주로 밤에 활동하며, 망막이 발달하여 어두운 곳에서도 잘 볼 수 있어요. 쥐, 새 등의 작은 동물을 잡아 먹는데, 먹이를 먹은 뒤 소화되지 않은 털, 뼈 등을 뭉쳐서 토해내요. 이것을 '펠릿(Pellet)'이라고 해요.

동물 관찰

관찰 동물

올빼미

▲귀여운 올빼미 친구

▼부드러운 털

▲날카로운 발톱

머리

수리부엉이와 다르게 머리 양쪽에 뿔처럼 솟은 깃털이 없어요.

수리부엉이

귀

양쪽 귀의 높이가 달라서 소리가 나는 곳을 정확하게 알아내요.

눈

어두운 밤에도 주변을 잘 볼 수 있어요.

목

270°까지 회전할 수 있어요.

날개

솜털이 많아 비행 소리가 거의 안 나요.

발톱

날카로운 발톱으로 먹이를 사냥해요.

동물 X파일

맹금류는 하늘을 나는 사냥꾼이다?

매

매는 빠른 속도와 날카로운 부리로 먹이를 사냥해요. 특히 매의 한 종류인 송골매는 시속 390km로 하강하는데, 육상동물은 따라갈 수 없는 빠른 속도이지요. 또한, 매는 시력이 좋아서 사람이 보는 것보다 약 8배나 멀리 볼 수 있어요.

흰머리수리

흰머리수리는 이름처럼 머리 부분만 흰색이에요. 북아메리카에 서식하며, 미국의 *국조예요. 주로 해안가나 호수 주변에서 물고기를 사냥하는데, 물 위를 날며 날카로운 발톱으로 물고기를 낚아채는 솜씨가 아주 뛰어나요.

***국조:** 나라를 대표하는 새.

동물 퀴즈
35

토코투칸의 커다란 부리는 무겁다?

맞으면 O, 틀리면 X에 동그라미 하세요.

O X

브로의 힌트

- 아마존 열대우림에 서식해요.
- 주황색을 띠는 크고 화려한 부리가 있어요.
- 왕부리새(투칸) 중에서 가장 유명한 종이에요.

✕ 토코투칸의 커다란 부리는 가벼워요.

토코투칸 Toco toucan

학 명	Ramphastos toco	먹 이	열매, 작은 곤충 등	몸길이	약 50~60cm
서식지	열대우림	분 포	남아메리카 동부	특 징	커다란 부리

토코투칸의 커다란 부리는 무거워 보이지만, 사실 속이 비어 있어서 가벼워요. 부리에는 미세한 혈관이 그물망처럼 얽혀 있는데, 더울 때 혈액을 부리로 보내 열을 발산해서 몸의 온도를 낮출 수 있어요.

동물 관찰

관찰 동물

토코투칸

▼거대하고 멋진 부리

브르와 토코투칸의
즐거운 시간

날짜: 2021년 10월 8일 **동물:** 토코투칸

브르의 일기!

만화 캐릭터처럼 생긴 토코투칸! 부리가 엄청 커서 무거울 줄 알았는데 가볍다니 정말 신기해! 크고 화려한 부리로 먹이를 먹고, 체온도 조절하며, 의사소통까지 한다고 해~.

아마존에 서식하는 또 다른 동물은?

큰수달은 수달 중에서 가장 큰 몸집을 자랑해요. 아마존 열대우림과 세계에서 가장 큰 열대습지인 판타나우에 서식해요. 주로 물고기를 잡아먹지만, 때로는 카이만 같은 큰 동물을 집단으로 사냥하는 아마존의 포식자예요.

아마존강돌고래는 우리가 흔히 알고 있는 돌고래와 다르게 몸이 분홍색이에요. 돌고래는 주로 바다에 서식하지만, 아마존강돌고래는 강에 서식해요. 가비알처럼 가늘고 긴 주둥이에는 수많은 이빨이 나 있어요.

가비알

동물 퀴즈 36

비단벌레는 (　　)이 아름다운 색으로 빛난다.

(　)안에 들어갈 말은 무엇일까요?

① 팔

② 몸

③ 눈

브르의 힌트

- 옛날에는 장식품을 만드는 데 활용했어요.
- 딱지날개에 붉은색 줄무늬가 있어요.
- 비단벌레는 우리나라 고유종이에요.

② 몸

비단벌레 Jewel beetle

학 명	Chrysochroa coreana	먹 이	나무 속, 나뭇잎, 수액	몸길이	30~40mm
서식지	울창한 삼림지대	분 포	변산반도, 경남 밀양 등	특 징	금속성 광택이 나는 화려한 색

• **사진 출처:** 비단벌레(국립생물자원관, 공공누리)

아하!

비단벌레는 초록색, 금색 등의 광택이 나는 아름답고 화려한 곤충이에요. 그래서 옛날에는 여러 가지 장식품을 만드는 데 활용했지요. 현재는 우리나라 천연기념물 제496호이자 멸종위기 야생동물로 지정되어 있어요.

동물 관찰

관찰 동물

비단벌레

더듬이

주변 환경을 감지하는 감각 기관 역할을 해요.

앞날개

딱딱한 딱지날개가 배를 보호해요.

무늬

앞가슴등판과 딱지날개에 붉은색 줄무늬가 있어요.

눈

물체를 감지하며, 수컷은 겹눈이 튀어나와 있어요.

우아!

비단벌레 유충은 주로 나무 껍질을 파고 들어가 나무 속을 파먹어요. 비단벌레 때문에 나무가 말라 죽기도 해서 해충으로 분류되기도 해요.

동물 X파일

화려한 색상을 띠는 동물은?

무당벌레

무당벌레는 붉고 화려한 색이 마치 무당의 옷 같다고 하여 붙여진 이름이에요. 몸은 반구형 또는 원형이며, 주로 빨간색 바탕에 검은 반점이 있어요. 주황색, 노란색, 검은색, 줄무늬 등 다양한 색이 있답니다.

벌새

벌새는 종마다 다양한 색을 가진 새예요. 화려한 깃털로 짝짓기와 영역 경쟁을 하지요. 보통 새들은 수컷의 깃털이 더 화려한데, 벌새는 수컷의 공격을 피하기 위해 암컷도 화려한 색을 띠는 경우가 있어요. 1초에 최대 90번의 날갯짓을 할 만큼 나는 힘도 아주 강해요.

동물 퀴즈

37

나는 누구일까요?

그림자를 보고
정답을 맞혀 보세요.

브로의 힌트

- 몸집이 크고, 커다란 날개가 있어요.
- 부리에 잘 늘어나는 주머니가 달려 있어요.
- 영어로는 '펠리컨(Pelican)'이라고 불러요.

사다새

사다새 Pelican

학 명	Pelecanus	먹 이	작은 물고기, 갑각류 등	몸길이	약 130~180cm
서식지	해안, 내륙 호수	분 포	유럽, 몽골, 시베리아 등	특 징	부리에 있는 주머니

사다새의 아래쪽 부리에는 커다란 주머니가 있어요. 주머니는 피부로 되어 있어서 잘 늘어나요. 그래서 사다새는 주머니를 그물처럼 활용해 먹이를 낚아채 잡아먹어요.

동물 관찰

관찰 동물

사다새

▼거대한 사다새의 등장!

▲커다란 부리 주머니

공기주머니

갈색사다새는 피부 아래에 있는
공기주머니를 부풀린 후
물에 들어갈 때 충격을 흡수해요.

혀

혀는 퇴화해서 기능을
하지 않아요.

날개

몸집이 큰 만큼,
날개도 크고 넓어요.

부리

길쭉하며, 아래쪽 부리에는
커다란 주머니가 있어요.

발

물갈퀴가 있어 수영을 잘해요.

동물 X파일

부리가 독특한 새는 누구?

큰코뿔새

큰코뿔새는 부리 위에 모자처럼 생긴 뿔이 붙어 있어요. 단단하고 무거워 보이지만, 속이 비어 있어 실제로는 가벼워요. 큰코뿔새 수컷은 뿔을 부딪치며 영역을 다투거나 짝짓기할 때 암컷에게 자신의 힘을 뽐내요.

저어새

저어새는 주걱 모양의 독특한 부리가 있어요. 온몸은 하얀색 깃털로 덮여 있고, 부리만 검은색이라 더 눈에 띄지요. 어릴 때는 부리가 노란색, 분홍색 등으로 옅은 색이지만, 자라면서 점점 검은색으로 변해요.

동물 퀴즈

38

사람의 말을 따라하는 똑똑한 동물은?

초성을 보고
동물 이름을 맞혀 보세요.

ㅇ ㅁ ㅅ

브르의 힌트

- 깃털 색깔이 다양하고 화려해요.
- 지능이 다른 새들보다 높아요.
- 무리 생활을 하며, 혼자 있으면 외로워 해요.

앵무새

앵무새 Parrot

학 명	Psittaciformes	먹 이	과일, 씨앗 등	몸길이	10~100cm
서식지	초원, 숲 등	분 포	아메리카 중남부, 아프리카 등	특 징	화려한 깃털

앵무새는 입안 구조가 사람과 비슷해요. 혀 근육이 발달해서 사람의 혀와 비슷한 특징이 있지요. 그래서 앵무새는 사람의 말을 듣고 그대로 따라할 수 있어요. 특히 회색앵무는 지능이 높아 사람과 교감할 수 있어요.

동물 관찰

관찰 동물

앵무새

화려한 색의 앵무새 친구들!

▼홍금강앵무

▲노란머리아마존앵무

▲회색앵무

날짜: 2021년 6월 17일 **동물:** 앵무새

브리의 일기!

춤을 추고, 애교도 부리는 앵무새 친구들이 정말 귀여웠어! "안녕하세요"라고 인사도 해주고 호루라기 소리도 냈는데, 브린이 친구들도 직접 들어보면 신기할 거야!

동물 X파일

소통을 잘하는 동물이 있다?

돌고래

돌고래는 지능이 높은 동물로 유명해요. 돌고래는 *초음파로 의사소통을 하는데, 우리가 외국인과 대화하기 어려운 것처럼 돌고래도 다른 지역에 사는 돌고래와는 소통이 쉽지 않대요. 돌고래는 서로 도움을 주고받는 똑똑한 동물이에요.

코끼리

코끼리의 지능은 3살 아이와 비슷해요. 코끼리는 소리와 진동을 이용해서 소통하고, 엄마를 중심으로 한 모계사회에서 함께 새끼를 키워요. 또한, 기억력이 뛰어나 예전에 만난 친구나 사람도 알아볼 수 있어요. 코를 손처럼 자유롭게 사용하는 것도 특징이지요.

***초음파:** 사람의 귀에 들리지 않는 아주 높은 소리.

동물 퀴즈

39

총처럼 빠르게 먹이를 사냥하는 새는 비둘기다?

맞으면 ○, 틀리면 ✕에
동그라미 하세요.

○ ✕

브로의 힌트

- 부리가 길고 뾰족해요.
- 우리나라에서 여름을 보내는 여름 철새예요.
- 이름이 비슷한 동물로 '물총고기'가 있어요.

종처럼 빠르게 먹이를 사냥하는 새는 물총새예요.

물총새 Common kingfisher

학 명	Alcedo atthis	먹 이	물고기	몸길이	약 17cm
서식지	하천, 호수 등	분 포	유럽, 아시아, 북아프리카 등	특 징	빠른 사냥 속도

아하!

물총새는 물가에서 먹이를 기다리다가 물고기를 발견하면 물속으로 뛰어들어 사냥해요. 또한, 물 위에서 날개를 퍼덕이며 정지비행을 하면서 사냥감을 찾기도 하지요.

동물 관찰

관찰 동물

물총새

부리

길고 뾰족해서 물고기를
잘 잡아채요.

깃털

광택이 나는 청록색 몸에 흰색,
주황색의 무늬가 있어요.

눈

물속에 뛰어들 때,
순막이 눈을 덮어요.

꼬리

꼬리가 짧고,
선명한 청록색이에요.

물총새의 눈에는 '순막'이라는 얇고 투명한 막이 있어요. 순막은 눈을 보호하면서 앞을 잘 볼 수 있게 해 줘요. 물총새가 사냥을 하러 물속에 뛰어들 때, 순막이 눈을 덮어서 눈에 물이 들어가는 걸 막아줘요.

물가에 서식하는 새는 누구?

왜가리

왜가리는 하천, 개울, 습지 등에 서식해요. 무엇이든 잘 먹고, 성격이 호전적인 포식자이지요. 길쭉하고 뾰족한 부리로 먹이를 꿰뚫어 잡은 뒤 한 번에 통째로 삼켜요. 물고기뿐만 아니라 뱀, 토끼 등의 동물도 잡아먹어요.

물수리

물수리는 우리나라에서 겨울을 보내는 겨울 철새로, 멸종위기 야생동물 2급으로 보호받고 있어요. 해안, 저수지 등에 서식하며 물고기를 잡아먹지요. 물 위를 천천히 날아다니다가 사냥감을 발견하면 빠른 속도로 뛰어들어 낚아채요.

동물 퀴즈

40

부리가 신발처럼 생긴 새는 (   )이다.

( ) 안에 들어갈 말은 무엇일까요?

① 열린부리황새

② 넓적부리황새

③ 왕부리새

브르의 힌트

- 부리가 넓적하고 둥근 모양이에요.
- 부리를 활용해 물고기를 사냥해요.
- 부리 끝이 날카롭게 구부러져 있어요.

② 넓적부리황새

넓적부리황새 Shoebill

학 명	Balaeniceps rex	먹 이	물고기, 파충류 등	몸길이	약 100~150cm
서식지	습지	분 포	아프리카	특 징	신발 모양의 부리

넓적부리황새는 이름처럼 크고 넓적한 부리가 있어요. 부리의 모양이 신발(Shoe)을 닮아서 영어로는 '슈빌(Shoebill)'이라고도 불러요. 날개를 펼쳤을 때 길이가 약 230~260cm로, 거대한 크기를 자랑해요.

동물 관찰

관찰 동물

넓적부리황새

▼공룡처럼 생긴 넓적부리황새

◀얇은 발가락

▲씹지 않고 통째로 삼키는 먹이

▲신발을 닮은 부리

날짜: 2023년 12월 13일 **동물:** 넓적부리황새

브르의 일기!

넓적부리황새가 부리를 부딪혀 달그락달그락 소리를 내는 행동을 클래터링(Clattering)이라고 한대! 클래터링을 한 뒤에는 인사하듯 고개를 숙이는데, 나한테도 인사해 줘서 좋았어.

동물 X파일

생김새가 특이한 새는 누구?

화식조

화식조는 타조처럼 날지 못하는 새예요. 목에 있는 붉은색 피부가 불을 삼킨 것처럼 보여서 '화식조'라는 이름이 붙었어요. 깃털은 검은색, 머리는 파란색, 목은 붉은색이에요. 머리 위에는 세로로 길쭉한 투구 모양의 돌기가 있어요.

큰군함조

큰군함조는 수컷의 생김새가 독특한 새예요. 수컷은 붉고 커다란 목 주머니가 있어요. 번식기 때 암컷의 관심을 끌기 위해 이 주머니를 풍선처럼 크게 부풀리지요. 그래서 번식기가 아닐 때는 목 주머니를 보기 어려워요.

동물 퀴즈

41

나는 누구일까요?

그림자를 보고
정답을 맞혀 보세요.

브르의 힌트

- 자유롭게 날 수 있는 유일한 포유류예요.
- 초음파로 먹이를 사냥해요.
- 오랫동안 거꾸로 매달려 있을 수 있어요.

박 쥐

박쥐 Bat

학 명	Chiroptera	먹 이	곤충, 열매 등	몸길이	최대 1.7m (날개 포함)
서식지	동굴, 삼림 등	분 포	남북극을 제외한 전 세계	특 징	거꾸로 매달려서 생활함

박쥐는 주로 어두운 곳에 살기 때문에 사냥할 때 초음파를 사용해요. 박쥐가 발사한 초음파는 주변 물체에 부딪힌 뒤 다시 박쥐에게 돌아오는데, 박쥐는 그 소리를 듣고 물체의 위치와 거리를 알아내 움직여요.

동물 관찰

관찰 동물

박쥐

▼수로에서 만난 박쥐 친구들

▲부들부들한 털과 비닐 같은 날개

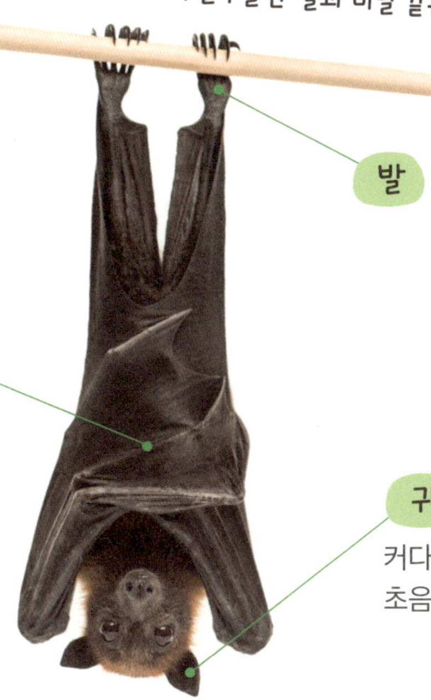

발 근육이 퇴화하고 힘줄만 남아서 오랫동안 거꾸로 매달릴 수 있어요.

날개 길게 뻗은 앞다리와 손가락 사이의 피부가 늘어나 얇은 *비막을 만들어요.

귀 커다란 귀로 반사된 초음파를 인식해요.

***비막:** 비행하는 척추동물의 앞다리, 몸 쪽, 뒷다리에 걸쳐 쳐진 막.

동물 X파일

나는 것처럼 멀리 이동하는 동물은?

유대하늘다람쥐

유대하늘다람쥐는 '슈가글라이더(Sugar glider)'라는 영어 이름으로 더 잘 알려져 있어요. 새처럼 자유롭게 날지는 못하지만, 몸에 있는 비막을 펼쳐 바람을 타고 *활공할 수 있어요.

날여우원숭이

날여우원숭이는 날다람쥐와 비슷하게 생겼어요. 앞다리와 뒷다리, 그리고 꼬리까지 쭉 이어진 비막을 움직여서 방향을 조절할 수 있어요. 주로 나무 위에서 생활하다가 먹이를 찾아 다른 나무로 이동할 때 활공해요.

***활공:** 바람을 타고 미끄러지듯 멀리 이동하는 행위.

동물 퀴즈

42

도구를 사용할 수 있는 새는?

초성을 보고
동물 이름을 맞혀 보세요.

ㄲ ㅁ ㄱ

브로의 힌트

- 여러 마리가 무리 지어 함께 날아다녀요.
- 새 중에서 지능이 높은 편이에요.
- 온몸이 검은색이에요.

까 마 귀

까마귀 Crow

학 명	Corvus corone	먹 이	작은 동물, 곤충, 열매 등	몸길이	약 50cm
서식지	농촌, 숲, 하천 등	분 포	유라시아 전역	특 징	검은색 깃털

"까악까악" 하고 우는 까마귀는 무서운 분위기를 풍기지만, 사실은 아주 똑똑한 새예요. 먹이를 얻기 위해 도구를 활용하거나, 높은 곳에서 딱딱한 껍질을 떨어뜨려 깨뜨려 먹지요.

동물 관찰

관찰 동물

까마귀

뇌

몸집에 비해 뇌가 커요.

색

주로 광택이 있는 검은색이지만, 털갈이를 하지 않는 여름에는 갈색빛이에요.

깃털

이마의 깃털은 비늘 모양이고, 목과 가슴의 깃털은 버들잎 모양이에요.

버들잎

꼬리

꼬리를 펼치거나 움직여서 비행할 때 몸의 균형을 유지해요.

까마귀도 다른 새들처럼 오래된 깃털이 빠지고,
새로운 깃털이 자라는 털갈이를 해요.
털갈이를 하면 깃털의 색, 빛깔 등이 달라지기도 해요.

동물 X파일

도구를 사용하는 동물이 있다?

문어

문어는 무척추동물 중에서 가장 똑똑해요. 미로를 탈출하거나 병뚜껑을 열 수 있지요. 문어는 촉수를 각각 따로 움직여서 여러 동작을 쉽게 할 수 있어요. 주변 환경에 맞춰 몸 색깔을 바꾸고, 돌을 쌓아 방어막을 만들 수도 있지요.

비버

비버는 강이나 개울에 *댐을 만들어 포식자로부터 스스로를 보호해요. 강력한 앞니로 나무를 자르고, 넓적한 꼬리와 물갈퀴가 있는 뒷발로 물속에서 재료를 나르지요. 나뭇가지를 엮어서 댐을 만들고 집도 만들어요.

*댐: 강이나 바닷물을 막아 두기 위해 쌓은 둑.

동물 퀴즈

43

종 모양의 집을 만드는 벌은 꿀벌이다?

맞으면 ○, 틀리면 ✕에 동그라미 하세요.

○ ✕

브르의 힌트

- 말벌보다 몸집이 작고 온순한 편이에요.
- 나비나 나방의 유충(애벌레)을 잡아먹어요.
- 강한 독침이 있어요.

종 모양의 집을 만드는 벌은 쌍살벌이에요.

쌍살벌 Paper wasp

학 명	Polistinae	먹 이	나비 유충, 나방 유충 등	몸길이	15~22mm
서식지	시골, 도시 등	분 포	한국, 일본 등	특 징	강한 독침

아하!

쌍살벌은 날 때 뒷다리를 길게 늘어뜨려 마치 두 개의 긴 막대기를 달고 다니는 것 같아요. 그래서 쌍살벌이라는 이름이 붙었지요. 우리나라 쌍살벌 중에는 '왕바다리'가 가장 몸집이 커요.

동물 관찰

관찰 동물

쌍살벌

◀왕바다리

▲왕바다리 애벌레

▲새끼에게 먹이를 주는 모습

멋진 쌍살벌 친구들

날짜: 2021년 6월 20일 **동물:** 쌍살벌

브르의 일기!

제주 왕바다리 여왕벌이 먹이를 경단처럼 동그랗게 만들어서 새끼에게 먹이는 모습을 가까이에서 관찰했어. 열심히 먹이를 만드는 모습이 정말 신기했어!

동물 X파일

꿀벌 VS 말벌, 어떻게 다를까?

꿀벌

꿀벌의 침은 갈고리 모양이라서 한 번 쏘이면 쉽게 빠지지 않아요. 침과 내장이 연결되어 있어서 침을 빼면 꿀벌도 죽어요. 반면, 말벌의 침은 바늘처럼 생겨서 여러 번 찌를 수 있어요. 침을 빼도 말벌은 죽지 않아요.

말벌

말벌은 꿀벌보다 몸집이 커요. 꿀벌은 몸에 솜털이 많지만, 말벌은 털이 적어요. 말벌은 꽃에 있는 꿀과 꽃가루뿐만 아니라 곤충의 애벌레도 잡아먹어요.

동물 퀴즈
44

우리나라에서 가장 큰 잠자리는 (   )이다.

(   ) 안에 들어갈 말은 무엇일까요?

① 물잠자리

② 실잠자리

③ 장수잠자리

브르의 힌트

- 검은색 몸에 노란색 줄무늬가 있어요.
- 장군, 우두머리를 뜻하는 이름이에요.
- 암컷이 더 크고, 10cm 넘게 성장해요.

③ 장수잠자리

장수잠자리 Jumbo dragonfly

학 명	Anotogaster sieboldii	먹 이	작은 곤충	몸길이	90~105mm
서식지	물가	분 포	한국, 일본, 중국 등	특 징	노란색 줄무늬

장수잠자리를 비롯한 잠자리들은 번데기 단계를 거치지 않고 어른이 되는 '불완전 변태'를 해요. 알과 유충 시기에는 물속에서 살다가 충분히 자라면 육지로 올라와 성충으로 탈바꿈하지요.

동물 관찰

관찰 동물

장수 잠자리

▼가까이 붙어 있는 눈

▲그물처럼 생긴 날개

▲길쭉한 몸

날짜: 2021년 7월 25일 **동물:** 장수잠자리

브르의 일기!

계곡에서 직접 장수잠자리를 채집했는데, 크기가 10cm는 되어 보였어. 장수잠자리가 우리나라에서 가장 큰 잠자리래! 초록색의 겹눈과 그물처럼 생긴 날개가 정말 멋있어~.

곤충의 눈에는 신기한 비밀이 있다?

겹눈

겹눈은 수많은 작은 눈(낱눈)이 모여 있는 눈이에요. 낱눈마다 각막과 세포가 따로 있어서 여러 낱눈에 들어온 시야가 합쳐져 마치 모자이크처럼 세상을 보게 돼요. 특히, 잠자리의 겹눈은 세상을 360°로 볼 수 있어요. 대부분의 곤충은 1쌍의 커다란 겹눈이 있어요.

홑눈

홑눈

홑눈은 보통 정수리 쪽에 있어요. 겹눈처럼 여러 낱눈이 모인 게 아니라, 하나의 눈이 하나의 렌즈처럼 작동하지요. 홑눈은 주로 빛의 밝고 어두운 정도를 인식하거나, 방향을 감지하는 데 쓰여요. 대부분의 곤충은 3개의 작은 홑눈이 있어요.

동물 퀴즈
45

나는 누구일까요?

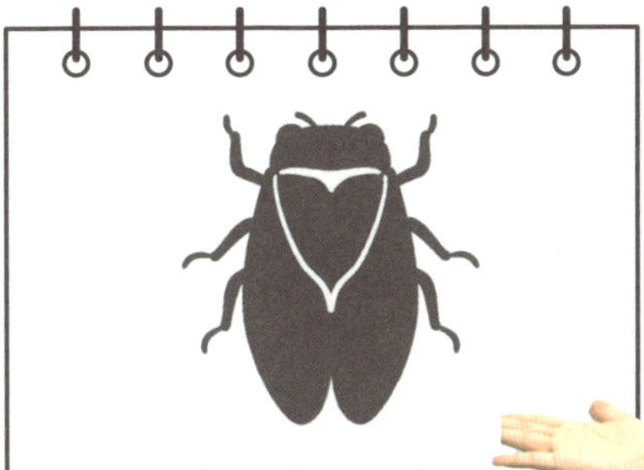

그림자를 보고
정답을 맞혀 보세요.

브로의 힌트

- 주로 나무에 붙어서 생활해요.
- 땅속에 있다가 성충이 되기 전에 땅 위로 올라와요.
- 암컷은 울음소리를 내지 못해요.

매 미

매미 Cicada

학 명	Cicadidae	먹 이	나무의 수액	몸길이	약 12~80mm
서식지	숲, 공원 등	분 포	아시아, 유럽, 아프리카 등	특 징	수컷의 큰 울음소리

수컷 매미의 배에는 얇고 단단한 진동막이 있어요. 배 안의 근육이 이 진동막을 흔들면 소리가 나요. 그리고 텅 빈 배 속을 울려서 소리가 점점 커지면 매미의 울음소리도 커져요.

동물 관찰

관찰 동물

매미

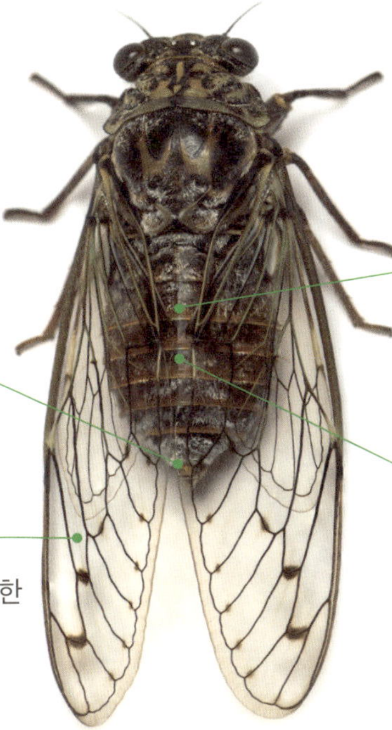

산란관

암컷의 꽁무니에는 뾰족한 산란관이 있어요.

배판

수컷의 배에는 소리를 만드는 발성기관이 발달했어요.

공명실

배 속이 텅 비어 있어 소리가 커져요.

날개

앞날개와 뒷날개 모두 투명한 *막질로 되어 있어요.

우아!

매미는 주로 햇빛이 있는 낮에 활동해요. 매미가 밤에도 우는 이유는 도시의 불빛과 높은 온도 때문에 밤을 낮으로 착각하기 때문이에요.

*막질: 얇고 투명한 막 같은 조직.

울음소리가 신기한 동물이 있다?

멧비둘기

멧비둘기는 산비둘기라고도 불러요. 짝짓기 시기가 되면 수컷 멧비둘기가 몸을 한껏 부풀리며 “국-구욱-국-국” 하는 소리를 리듬감 있게 반복해서 내지요. 짝짓기에 실패하면 “뿌~뿌” 하는 귀여운 소리를 내기도 해요.

고라니

고라니는 괴상한 울음소리로 유명해요. “끽-끽-끽” 하는 사람의 비명 같은 소리를 내서 섬뜩하게 들리지요. 고라니는 자기 영역을 지키거나 짝짓기를 할 때, 그리고 새끼를 보호할 때 이런 울음소리를 내요.

찾아보기

찾아보기

찾아보기

정브르의 동물 퀴즈 도감

1판 1쇄 인쇄 | 2025년 6월 16일
1판 1쇄 발행 | 2025년 6월 30일

발행인 | 심정섭
편집인 | 안예남
편집팀장 | 최영미
편집 | 이수진, 박유미
디자인 | 김윤미

브랜드마케팅 | 김지선
출판마케팅 | 홍성현, 김호현, 신재철
제작 | 정수호

발행처 | (주)서울문화사 등록일 | 1988년 2월 16일 등록번호 | 제2-484
주소 | 서울특별시 용산구 새창로 221-19
전화 | 02-791-0708(판매), 02-799-9375(편집)

ISBN | 979-11-7371-437-5
979-11-7371-436-8(세트)

SANDBOX
*이 책의 판매금 일부는 유기 동물을 위해 쓰입니다.
여기는 루퐁이네
천사들의 시골살이
DOG
DOG
쌈바!
옭옭!
YouTube 225만 구독자 셀럽 강아지
루퐁이의 우당탕탕 시골살이!
러블리 포메라니안 자매의
흙 맛나는 일상 속으로 출발!
루디
#쌈바요정
#소심한 인싸
퐁키
#옭옭쟁이
#용맹한 겁쟁이
여기는 루퐁이네: 안녕? 천사들
여기는 루퐁이네: 귀염뽀짝 탐구 생활
여기는 루퐁이네: 천사들의 시골살이
©루퐁이네. ©SANDBOX NETWORK.
값 14,000원 문의 02-791-0708 서울문화사

온 세상 반려가족 필수 반려동물 교양만화
Bemypet
비마이펫
강아지 리리 고양이 삼색이와 함께 하는 행복한 이야기
멍냥연구소 1~10
멍냥연구소 10
멍냥연구소 스페셜 나옹툰
멍냥 컬러링북 & 멍냥 작업실
멍냥 컬러링북
멍냥 작업실
멍냥 집사 일지
멍냥오디션
©BEMYPET
구입문의: 02-791-0708 서울문화사